CHRONIQUES POUR UNE HUMANITÉ EN QUÊTE DE REPÈRES

Du même auteur

Dictionnaire de maladies infectieuses, Elsevier, 1998.

Les Nouvelles Maladies infectieuses, « Que sais-je ? », Presses universitaires de France, 1999.

Les Nouveaux Risques infectieux : grippe aviaire, SARS, et après ?, Lignes de repères, 2005.

Dépasser Darwin, Plon, 2010.

De l'ignorance et de l'aveuglement : pour une science post-moderne, e-book Kindle, Amazon, 2012.

Votre santé – Tous les mensonges qu'on vous raconte et comment la science vous aide à y voir clair, Éditions Michel Lafon, 2015.

Arrêtons d'avoir peur !, Éditions Michel Lafon, 2016.

Mieux vaut guérir que prédire, Éditions Michel Lafon, 2017.

La Vérité sur les vaccins, avec Olivia Recasens, Éditions Michel Lafon, 2018.

La Révolution digitale de l'homme : vers une nouvelle espèce, e-book Kindle, Amazon, 2019.

Épidémies : vrais dangers et fausses alertes, Éditions Michel Lafon, 2020.

La Science est un sport de combat, Humensciences/Humensis, 2020.

Carnets de guerre COVID-19, Éditions Michel Lafon, 2021.

Au-delà de l'affaire de la chloroquine… Comment l'industrie pharmaceutique pervertit nos systèmes de santé et met en péril la nôtre, Éditions Michel Lafon, 2021.

Pr DIDIER RAOULT

CHRONIQUES POUR UNE HUMANITÉ EN QUÊTE DE REPÈRES

Michel LAFON

Ce livre est imprimé en France par
un imprimeur soucieux de préserver l'environnement
à travers des actions d'économies d'énergie, de valorisation
des déchets, d'utilisation de produits moins nocifs
pour la santé des travailleurs.

118, avenue Achille-Peretti – CS 70024
92521 Neuilly-sur-Seine Cedex

www.michel-lafon.com

SOMMAIRE

INTRODUCTION

Le monde change à une vitesse folle et voit s'accélérer une divergence dans la perception des faits qui se produisent à la surface de la Terre. Nous avons toujours fait face à une perception différente du monde en fonction de notre histoire, avec une tendance à croire que ce qui avait été établi dans le passé était une vérité stable, et ce fut le rôle des penseurs de la déconstruction, à commencer par Nietzsche, qui se sont ensuite multipliés, en particulier en France, de réagir. Ce qui a valu à leur travail le nom de « *French Theory* » aux États-Unis. Ces penseurs, tels que Foucault, Deleuze, Derrida, Bourdieu, sont les penseurs les plus influents du XXe siècle, au moins de sa deuxième partie. Qu'ils l'aient voulu ou non, ils sont souvent tous regroupés sous le terme de postmodernes, attaquant les dogmes à la racine pour voir ce qui en restait après cette attaque radicale. Depuis s'est imposé un autre monde avec la mondialisation et la perception de l'histoire de la vie cyclique, comme l'avait suggéré Nietzsche, particulièrement fréquente dans les pays de l'Extrême-Orient, ce qui constitue plus de la moitié de la population mondiale. Ils ont une vision de l'Histoire et de l'évolution radicalement différente de la nôtre et de notre théorie darwinienne linéaire et progressive. Mais le changement le plus récent et le plus explosif vient du fait que nous sommes envahis par une autre nature de vérité qui est la vérité digitale. Celle-ci s'impose très rapidement du fait de l'addiction aux écrans qu'elle cause, qu'il s'agisse de la télévision, d'internet, de Facebook ou du téléphone portable, qui occupent souvent plus de la moitié du temps éveillé des humains du XXIe siècle. Cette addiction, qui est probablement aussi forte que celle des drogues dures, amène à une autre réalité telle qu'elle a été imaginée par les auteurs de science-fiction comme Philippe K. Dick, avec une déconnexion, prévue par Baudrillard, de plus en plus importante entre la vérité digitale et la vérité physicochimique et biologique. L'objectif de ce recueil de courts textes est d'avoir une approche pointilliste du monde mettant en évidence ce que j'y constate, en tentant d'être lucide sur les biais d'observation et les biais d'interprétation. J'y suis relativement prédisposé compte tenu de ma propre histoire, de ma vie et de ma recherche scientifique, basée majoritairement sur ce qu'on appelle l'abduction, c'est-à-dire la découverte de phénomènes non prévus entraînant l'induction (qui consiste à aller chercher ce que l'on suspecte, alors que l'abduction est neutre) et enfin la déduction qui, faisant les liens entre les phénomènes observés à un moment, leur suppose une relation ou une cause. Grand admirateur de Friedrich Nietzsche depuis mon adolescence, j'ai toujours considéré que la tentative de rendre cohérente une pensée dont la fertilité vient de l'absence de volonté cohérente est une erreur et j'ai toujours considéré qu'*Ainsi parlait Zarathoustra* était la plus mauvaise œuvre de Nietzsche, œuvre pédagogique tentant de donner un sens à une philosophie. En fait, *Le Gai Savoir* l'a fait éclater et constitue un kaléidoscope ou une mosaïque qui reflète beaucoup plus la réalité du monde perçu que les théories cohérentes ne peuvent le représenter.

Par ailleurs, cette façon d'évaluer le monde en plusieurs couches de vérités distinctes, dont la réalité dépend de l'observateur, rejoint l'observation de la physique quantique telle que l'a initiée Bohr, dont nous avons eu encore des confirmations récentes. En pratique, une particule se révèle en fonction de la manière dont on l'observe. Cette nature observée est une probabilité et pas un état stable. C'est l'objet de la querelle entre Einstein et Bohr, Einstein disant : « Dieu ne joue pas aux dés ! » et Bohr lui répondant : « Mais qui êtes-vous pour dire ce que fait Dieu ? » En pratique, il semble que nous rejoignons la théorie de la physique quantique qui montre que les mêmes événements avec des observateurs différents et des outils différents deviennent radicalement différents. Et qu'il existe donc plusieurs vérités. J'ai eu l'illusion de croire que ma démarche amènerait à éliminer les faits digitaux et à raconter les choses telles que je crois qu'elles sont. Actuellement, j'admets la réalité de mondes différents, chacun porteur d'une part de vérité même quand ils décrivent des choses qui, apparemment, n'ont rien à voir. Nous sommes vraiment rentrés dans le monde de *Matrix*.

Il n'empêche que, même si deux vérités désormais coexistent, les faits sont les faits, et que la crise qu'a générée le COVID-19, où qu'en soit cette pandémie quand paraîtra ce livre, nous impose de les connaître si nous voulons gérer nos vies correctement, en prenant conscience de la réalité tangible, dans tous les domaines : notre santé, la gestion médicale de notre pays, l'état de la France et le désarroi de l'Occident sur l'échiquier mondial, les problèmes existentiels qui ravagent l'Homme moderne, tout comme les dégâts psychiques et sociaux du monde de *Matrix*, où les rumeurs et les fantasmes deviennent réalité.

– PREMIÈRE PARTIE –

PRENEZ SOIN DE VOUS EN CONNAISSANCE DE CAUSE

Ne pas croire n'importe qui
ni céder à la facilité

DE LA STIGMATISATION EN SANTÉ PUBLIQUE[1]

J'assiste depuis des années à un paradoxe intéressant dans les choix de santé publique. Concernant le tabac, un consensus politique et scientifique s'est fait à propos de la stigmatisation du fumeur. L'interdiction de fumer dans les lieux publics s'est développée. On voit les fumeurs, groupés au pied des immeubles, exposer leur addiction honteuse. Aux États-Unis, la cigarette est prohibée dans des villes entières. En revanche, l'extension en France de l'interdiction de fumer sur les plages n'a pas de justifications scientifiques sur le risque du tabagisme passif. L'attaque sur la cigarette électronique n'a pas d'autre substrat « rationnel » que l'attaque sur le comportement, plus que sur le risque en soi, dont on pouvait penser (et dont on sait à présent) qu'il est négligeable dans l'addiction au tabac. La stratégie est de compliquer la vie du fumeur « pour son bien ».

À l'inverse, les spécialistes et les gouvernements sont en accord pour dire que la stigmatisation de l'obésité n'est pas efficace ! Il n'y a pas plus

1. 31 mars 2017 – Le Point.fr

d'évidence scientifique ici que pour le tabagisme, mais la compassion pour les obèses est supérieure à celle que l'on éprouve pour les drogués de la nicotine ! En réalité cela n'est pas mesurable scientifiquement. La stigmatisation et l'interdiction des comportements dangereux pour la santé sont aussi vieux que l'histoire de l'humanité. Des religions ont intégré ce fait de civilisation par des tabous et des rites : interdiction du cannibalisme, de la consommation de porc (qui cru ou mal cuit est la plus dangereuse des viandes). L'absence de sens de notre stratégie actuelle de santé publique est de vouloir épargner de notre vigilance ceux pour qui nous avons de la compassion. Et nous plaignons plus les drogués de la bouffe que ceux du tabac. Le sucre a d'ailleurs été une « épidémie » quasi contemporaine de celle du tabac, avec les mêmes conséquences sur l'esclavage que celui-ci provoque. Il est intéressant de voir la grande distribution vendre par tonnes des bonbons et aliments bourrés de sucre (de fructose) et prétendre en même temps à l'optimisation de notre santé avec des affirmations sans fondement scientifique (pas d'OGM, pas d'aspartam, pas de gluten). La drogue dure, c'est le sucre, et l'autre épidémie qui nous menace, c'est l'obésité génératrice de cancer, diabète et pathologies vasculaires qui en est la conséquence. Le risque pour la santé de l'obésité, dans nos sociétés, est en train de devenir comparable à celui de la consommation tabagique. Il a été mis en évidence de façon drastique avec l'épidémie de COVID-19. Paradoxalement, la loi stigmatise seulement la maigreur des mannequins (qui tue beaucoup moins que l'obésité). Ces interdits ressemblent fort à l'émergence de rites d'une religion laïque naissante remplaçant notre religion ancienne.

LE TABAC, C'EST L'IMPÔT SUR LES PAUVRES ET LE VAPOTAGE EST BEAUCOUP MOINS TOXIQUE ![2]

L'augmentation du prix du tabac a longtemps été considérée comme une panacée pour limiter sa consommation. Qu'en est-il réellement ?

Le tabac est le facteur environnemental qui cause le plus grand nombre de décès et de maladies. Il est donc nécessaire de lutter contre, par tous les moyens. Dans cette bataille, la cigarette électronique peut certainement jouer un rôle, compte tenu de l'échec patent de toutes les stratégies mises en place pour limiter la consommation de tabac qui augmente chez les populations les plus pauvres, en particulier les chômeurs, fumeurs réguliers dans presque 50 % des cas. Le premier congrès scientifique exclusivement dédié à la cigarette électronique a conclu que, même s'il « manque encore beaucoup de données pour assurer la sécurité de ce produit, le vapotage sera toujours moins toxique que la cigarette ».

Quant à l'augmentation du prix du tabac, elle permet aux États d'engranger un supplément considérable d'impôt indirect puisqu'il atteint

2. 22 juillet 2017 – Publié par Olivia Recasens

80 % du prix du tabac, y compris le tabac à rouler des plus pauvres. Seule exception, les cigares, qui bénéficient d'une mansuétude assez inexplicable... Les États et l'Organisation mondiale de la santé (OMS) répètent qu'augmenter le prix du tabac va faire baisser la consommation, ce qui, en France au moins, apparaît entièrement faux.

Un complément non négligeable au budget du pays

Les jeunes fument de plus en plus et les plus pauvres aussi. Ces derniers consacrent maintenant 31 % de leur budget à la consommation de tabac, dont 80 % reviennent à l'État sous forme de taxes ! Ainsi 24 % du budget mensuel des plus pauvres retournent à l'État, qui s'en sert ensuite pour verser le RSA... aux plus pauvres ! Ce qui démontre aussi que ce n'est pas seulement le prix qui joue un rôle essentiel dans la lutte contre le tabac : les plus riches, les plus cultivés, les mieux formés diminuent de façon continue leur consommation.

Mais d'un point de vue cynique, on peut dire que l'augmentation du prix du tabac apporte un complément non négligeable au budget du pays. Ainsi, en 2013, l'État a touché 14 milliards d'euros sur la vente de tabac et 6,6 milliards d'euros ont été économisés en retraites non versées du fait de la mort prématurée des fumeurs. À mettre en regard des 16,3 milliards d'euros consacrés aux dépenses de santé directement liées au tabac et aux impôts non encaissés du fait de décès prématurés, soit 3,3 milliards d'euros. Au total, le bénéfice net pour l'État est quand même de 1 milliard. Si la surtaxation du tabac diminuait, le coût des maladies liées au tabagisme persisterait des années, entraînant un déficit net pour l'État. Il est important de trouver des voies alternatives pour endiguer la consommation tabagique, qui se concentre maintenant sur la population la plus défavorisée du pays. Dans ce contexte, il n'est pas certain que l'hostilité face à la cigarette électronique soit un réflexe lucide, d'autant que son implantation en France, avant que les autorités publiques n'y mettent un frein, s'est accompagnée d'une baisse franche des ventes de tabac.

CET ÉTÉ, PRENEZ LE SOLEIL, DU CAFÉ ET UN PEU D'ALCOOL, C'EST BON POUR LA SANTÉ ![3]

Les contrôles du comportement humain sont une source inépuisable pour rendre les gens anxieux et pour attirer l'attention. Il est nécessaire de remettre les choses à leur place à partir de données réelles et publiées par des références authentiques. Il faut se méfier d'un certain nombre de journaux, dont le rôle est de démontrer la nocivité de nos comportements. Je veux donner ici trois exemples. La consommation de café, quand j'étais jeune, était accusée d'être une des causes du cancer du pancréas. En réalité, une étude très récente reprenant l'ensemble des données publiées sur le sujet (59 études) montre que la consommation de café réduit d'une manière significative le nombre de cancers[4]. Il est à noter que, contrairement à ce qui a été dit, il n'y a pas d'augmentation de la pathologie du cœur et des vaisseaux liée à la consommation de café, et que donc pour l'instant, on n'a trouvé aucun inconvénient à cette consommation. Voilà déjà une chose raisonnable.

---

3. 15 juillet 2017 – Le Point.fr

4. Xiaofeng Yu, Zhijun Bao, Jian Zou, Jie Dong, *Coffee consumption and risk of cancers : a meta-analysis of cohort studies,* BMC Cancer, 2011 ; 11:96.

Deuxièmement, l'augmentation de l'exposition solaire fait l'objet de déclarations alarmistes concernant le mélanome. Or celui-ci a fait récemment l'objet d'un travail prospectif extraordinaire chez les femmes en Suède. La conclusion est sans appel : l'exposition régulière au soleil est un facteur d'augmentation très significative de la longévité[5]. La conclusion est même que l'absence d'exposition au soleil a un rôle aussi nocif que le tabac. En pratique, et plus particulièrement pour la pathologie cardiaque et vasculaire, le soleil est particulièrement efficace, et – toujours selon la même étude – les non-fumeurs qui ne s'exposaient pas au soleil avaient une espérance de vie équivalente aux fumeurs qui s'exposaient au soleil ! Donc deuxième conseil : prenez le soleil – raisonnablement, cela va de soi –, vous vivrez plus vieux.

Troisième recommandation, celle de l'Institut de recherche des États-Unis sur l'état de la connaissance et la consommation d'alcool, qui reprend les éléments connus de la courbe en J. Celle-ci montre qu'une consommation modérée

5. Pelle G. Lindqvist, Elisabeth Epstein, Kari Nielsen, Mona Landin-Olsson, Christian Ingvar, Hakan Olsson, *Avoidance of sun exposure as a risk factor for major causes of death : a competing risk analysis of the Melanoma in Southern Sweden cohort*, 2016, 280(4) : 375-87.

d'alcool a un effet positif sur les affections du cœur et des vaisseaux, mais aussi en termes de prévention du diabète ainsi que des dégradations neurologiques chez les sujets âgés[6]. Au total, il faut distinguer, dans les causes de la mortalité, les alcooliques ayant une consommation massive d'alcool, qui meurent plus jeunes, les gens ayant des consommations sporadiques mais excessives d'alcool (le *binge drinking* à la mode chez les jeunes) qui les exposent à des accidents, et ceux qui ont une consommation régulière et modérée d'alcool, qui dans les méta-analyses montrent une augmentation de leur espérance de vie. Ces trois études doivent pouvoir vous aider à passer un meilleur été, vous pouvez prendre l'apéritif au soleil, et finir votre repas en buvant du café : c'est bon pour vous !

6. *National Institute on Alcohol Abuse and Alcoholism*, State of the Science Report on the Effects of Moderate Drinking.

LES DROGUES ANTIDOULEUR TUENT[7]

Une évaluation récente des causes de mortalité dans le monde a mis en évidence que deux causes seulement augmentent d'une manière significative : celle liée à l'obésité (en grande partie secondaire à la consommation de sucre) et celle liée à l'usage de drogues antalgiques dérivées de l'opium. Ainsi un article récent dans *Science*[8] insiste sur la nécessité absolue de rapidement trouver des drogues qui ne soient pas addictives, et qui soient moins dangereuses. Ainsi aux États-Unis, on a noté dans les quinze dernières années une multiplication par quatre des morts liées à l'usage médicamenteux de drogues dérivées de l'opium. Ces drogues qui étaient autrefois réservées à un usage très limité et hospitalier pour les douleurs aiguës post-traumatiques, pour les douleurs neurologiques et dans les traitements palliatifs sont maintenant prescrites d'une manière extrêmement banale. Y compris pour des douleurs dentaires ou pour des douleurs chroniques non malignes, ce qui amène

---

7. 7 avril 2017 – Le Point.fr

8. Tilo GROSSER, Clifford J. WOOLF, Garret A. FITZGERALD, « Time for nonaddictive relief of pain », 2017, *Science*, 355(6329) : 1026-1027.

à une prescription considérable. En effet, jusqu'à 60 % de la population se plaint d'avoir des douleurs dans le dos. Si chacun a recours aux drogues dérivées de l'opium, la mortalité ne va pas cesser d'augmenter. Par ailleurs, la lutte contre la douleur a pris un tour complètement incontrôlable. Ainsi a-t-on changé le serment d'Hippocrate qui était utilisé depuis des années pour y introduire comme priorité absolue la lutte contre toutes les douleurs au lieu du vieux précepte « D'abord ne pas nuire ! » Il a été montré que les antalgiques utilisés dans la lutte contre les douleurs chroniques sans lésion étaient totalement inefficaces après trois mois de traitement. En revanche, ces drogues étant addictives, l'augmentation permanente de la dose devient nécessaire. Parfois, on a recours à des produits extrêmement dangereux (les chanteurs Prince et Michael Jackson sont morts d'injections d'antalgiques majeurs pour des douleurs banales). Face à cette situation, il est indispensable de restreindre d'une manière drastique le recours aux opiacés. On doit arrêter de penser que le soulagement de toutes les douleurs banales par des drogues est la priorité absolue de la médecine moderne, et aider au développement de nouvelles drogues non addictives. Dans ce sens la légalisation, dans de plus en plus de pays, du cannabis thérapeutique comme drogue antalgique et comme médication est un signe important.

Le cannabis, moins addictif que certains antidouleurs

Le cannabis est une des drogues les moins addictives et il est clair que les dérivés du cannabis font partie du hit-parade des futures drogues qui seront commercialisées du fait de l'association d'effets antalgiques et euphorisants sans risque d'addiction connu. Le problème de l'intolérance à la douleur et le fait que la douleur soit devenue la cause de compassion la plus notable ont amené à transformer une partie du monde occidental en drogués institutionnels aux opiacés, avec des conséquences en termes de mortalité qui n'ont rien à voir avec ce qui fait l'alerte dans les journaux ou par le biais de l'OMS.

« SOIS SAGE Ô MA DOULEUR, ET TIENS-TOI PLUS TRANQUILLE » (BAUDELAIRE)[9]

L'idée initiale de calmer des douleurs brutales – pour les fractures par exemple – ou des douleurs insupportables de type neurologique est parfaitement justifiée. Elle est raisonnable et a existé avant la mise en place des différents plans antidouleur. En revanche, l'idée que toute douleur est insupportable et doit être prévenue a des effets pervers considérables. Tout d'abord sur la mortalité, comme le rapporte un article du *New England Journal of Medecine*[10] à cause de l'usage immodéré – notamment de façon parfaitement légale – de drogues dures dérivées de l'opium. Les centres antidouleur ont été mis en place et les drogues dures, dérivées de l'opium, sont distribuées de manière très décomplexée, on va même jusqu'à utiliser des produits créés pour les anesthésies générales. Cette véritable épidémie se développe d'autant plus que le niveau de satisfaction des patients quant à la prise en charge de

9. 1er février 2017 – Publié par Olivia Recasens

10. Vivek H. MURTHY, *Ending the opioid epidemic – Call to action*, The New England Journal of Medecine, 2016, 375(25) : 2413-2415.

leur douleur devient un élément de financement important des hôpitaux américains. Or la douleur est un symptôme, l'effacer artificiellement peut masquer le diagnostic et retarder le traitement. Cela peut avoir par ailleurs un autre effet extrêmement délétère, le niveau de douleur que l'on est capable de surmonter étant subjectif. Si l'on ne peut plus supporter la moindre douleur – actuellement on fait des anesthésies locales aux enfants avant un vaccin ou une prise de sang –, le seuil de tolérance à la douleur va diminuer et toute douleur deviendra rapidement insupportable. Nous sommes en train d'assister à une épidémie de syndromes douloureux. À l'inverse, les traitements placebo qui soulagent sans contenir de produits actifs, et probablement aussi les thérapeutiques alternatives telles que la sophrologie, l'hypnose et vraisemblablement d'autres traitements aux mécanismes mal connus, sont préférables à l'usage de drogues dures.

La surestimation de la sensation douloureuse entraîne un renforcement de la sensation de douleur. La négligence, ou la volonté de négliger la douleur, comme le suggère Baudelaire, diminue la douleur. Certes, nous ne sommes plus à l'époque de Sparte où l'éducation empêchait de se plaindre, quelle que soit sa douleur, mais nous avons basculé dans une époque où la moindre douleur banale devient l'objet d'une surenchère thérapeutique qui met à terme la population en danger, en la rendant dépendante de drogues dures, toxiques et addictives. En prime, cela empêche, si la volonté ne suffit pas, le contrôle des douleurs banales par des traitements sans danger.

DOULEURS SUBJECTIVES : L'IMPOSSIBLE QUÊTE DE LA COMPASSION[11]

L'expression médicale du mal-être prend des formes différentes en fonction des cultures et évolue dans le temps et dans l'espace. Le besoin féminin de compassion au XIXe siècle se traduisait par des évanouissements que l'on traitait avec des sels d'ammoniaque. À la fin du XIXe siècle on observa aussi des paralysies qui donnèrent lieu à des « miracles ». D'autres furent « traitées » à l'époque par ablation de l'utérus, censé être la source de l'hystérie (comme son nom l'indique). En effet, ces manifestations sont accessibles à la suggestion : les images de Charcot guérissant par l'hypnose et la multiplication de « miracles » étaient les témoins de la suggestibilité de ses patients. Le neurologue Babinski créa à cette occasion le terme de « pithiatisme » (qui peut être guéri par la suggestion). J'ai assisté moi-même à un de ces « miracles » permettant de faire marcher quelqu'un qui se sentait paralysé. Ces formes de paralysies ont disparu dès que les outils modernes ont permis de différencier les paralysies organiques

11. 14 février 2017 – Le Point.fr

et les paralysies psychiques. Des formes pseudo-épileptiques où les patients se présentent, comme en grande crise d'épilepsie, par terre, en arc de cercle, en tremblant, ont été vues tout au long du XXe siècle et j'ai eu l'occasion d'en observer. Là encore, les outils modernes (comme l'électro-encéphalogramme) ont différencié les vraies épilepsies de ces pseudo-épilepsies. Puis a été créé le concept de « spasmophilie », décrit cliniquement avec une modification de la position des mains, un malaise, des tremblements et une hyperactivité de la respiration. Elle fut traitée en son temps par le magnésium et le calcium, ou par un sac sur la tête ! La spasmophilie, spécificité française, qu'on nous enseignait à la faculté de médecine, a aussi disparu.

Depuis, la recherche de compassion est plutôt portée par l'expression de douleurs qui, pour être d'origine subjective, n'en sont pas moins réelles. Ainsi a-t-on vu une épidémie de « coups du lapin » après accident (probablement encore renforcée par le fait que les personnes en souffrant étaient indemnisées), qu'on tentait de soulager par le port d'une minerve cervicale. La quantification du risque de lésion objective et la baisse de popularité des minerves a bien fait diminuer le nombre de « coups du lapin ». Puis, pour un temps, ce furent les SADAM (syndromes algodysfonctionnels de l'appareil manducateur, un dysfonctionnement de l'articulation de la mâchoire) qui pouvaient expliquer douleurs, fatigue, petite fièvre, insomnie ; les patients bénéficiaient d'une rééducation de la mâchoire. Actuellement ce sont plutôt les fibromyalgies et toutes les douleurs inexpliquées après vaccination, ou piqûres de tique, qui sont sur le devant de la scène. En effet la douleur est devenue, aussi bien dans les plans gouvernementaux que dans la société, la première cause de compassion. Les patients expriment des douleurs qui ont pu, dans certains cas, se substituer aux manifestations neurologiques des temps passés.

LE RETOUR DES PARALYSIES PSYCHIATRIQUES DANS LA POST-VÉRITÉ

Durant l'ère de la post-vérité médicale, on observe le retour des paralysies psychiatriques au cours des siècles précédant le XXe siècle. C'est une des manifestations du mal-être ou du besoin de compassion. Ces paralysies sont soit des paraplégies (les gens ne pouvaient plus marcher), soit des paralysies totales (les gens restaient couchés), soit des hémiplégies (la moitié du corps ne répondait plus). L'origine psychologique ou consécutive à une lésion a fait l'objet des travaux de Charcot, qui avait comme première hypothèse qu'il s'agissait de manifestations lésionnelles, mais qui s'est lui-même convaincu que celles-ci étaient d'origine psychiatrique quand il a pu guérir ses malades sous l'effet de l'hypnose. Ces travaux ont profondément influencé Sigmund Freud. Ces malades pouvaient être guéris ou améliorés par toutes sortes de techniques non médicales, et il n'est pas invraisemblable qu'un certain nombre de « miracles » soient liés à la disparition de syndromes d'origine psychiatrique. Aujourd'hui, il nous est facile de mesurer l'activité électrique des nerfs et de montrer qu'ils sont en parfait état et que la paralysie n'est pas le résultat d'une lésion. De la même manière, les pseudo-crises d'épilepsie, très spectaculaires, peuvent être différenciées des vraies épilepsies par la mesure de l'activité cérébrale. De sorte que ces différentes manifestations semblaient encore récemment avoir disparu. Mais nous vivons dans une nouvelle ère de post-vérité, y compris sur le plan médical et technologique, où tout est remis en cause ! Le passage chez des spécialistes ne suffit plus à convaincre les gens que leur problème est d'origine psychiatrique. Ils perçoivent un mal, ils sont malades (et cela est indéniable) mais ils ne veulent pas que l'origine de cette maladie puisse être psychiatrique. Pour ma part, je ne voyais plus ces pseudo-paralysies dont j'avais été le témoin au tout début de mes études, mais il y a peu de temps j'ai eu l'occasion de voir une jeune femme bien éduquée qui présentait une paralysie totale de la moitié du corps. Elle avait déjà été hospitalisée à plusieurs reprises dans des services de neurologie, et la conclusion avait toujours été la même : « Il n'y a pas de troubles lésionnels, il s'agit d'une affection d'origine psychiatrique. »

Ces affections ont été appelées au XIXe siècle « hystéries de conversion » ; le terme d'hystérie est maintenant prohibé dans le langage médical (car trop péjoratif) mais le retour de ces formes de pathologies est le témoin de la baisse, pour un certain nombre de personnes, de la crédibilité de nos diagnostics.

LES INFECTIONS CHRONIQUES ET LA FATIGUE CHRONIQUE

Dans une époque où la majorité des grands problèmes médicaux trouvent des solutions et où la mortalité dans la plupart des pays n'a cessé de reculer, apparaît de plus en plus souvent une série de plaintes subjectives, non mesurables par des tests externes, que l'on regroupe sous le nom de « fatigue chronique ». Cela associe de l'insomnie, des maux de tête, des douleurs articulaires, une grande fatigue et une difficulté à travailler. Ce syndrome fait l'objet de scores éventuellement disponibles sur internet, et parmi les maladies pour lesquelles j'ai une compétence (maladie de Whipple, fièvre Q, rickettsioses, maladies transmises par les tiques), beaucoup sont suspectées d'être à l'origine de ces syndromes persistants. L'une d'elles a fait la une des journaux : la maladie de Lyme. Dans d'autres circonstances, on appelle maintenant « burn-out » l'intolérance au travail qui se traduit à peu près par les mêmes symptômes. La difficulté à quantifier ces syndromes subjectifs sans lésion détectable amène une incapacité à répondre aux besoins de ces patients et à les prendre en charge pratiquement. Depuis le début de ma carrière, beaucoup de causes « d'infections dormantes » expliquant ces symptômes ont été suspectées, sans jamais avoir été prouvées.

Certains médecins, par ailleurs, confondent les symptômes chroniques et les infections chroniques. Une infection chronique est définie par la preuve d'une infection évolutive (et non pas passée) obtenue par la détection du microbe ou de son ADN, et la présence de lésions identifiables. Les symptômes sans lésion et les infections sans preuve de leur évolution ne doivent pas faire l'objet de traitements destinés à traiter les infections ! Récemment, un travail sur la fatigue après la fièvre Q, dont une épidémie a eu lieu en Hollande, a montré que, comme dans la maladie de Lyme, les antibiotiques sont inutiles et ne sont pas supérieurs au placebo[12]. Seules les prises en charge psychothérapiques, de type comportementaliste, donnent des résultats significatifs. Les antibiotiques sont inefficaces et dangereux dans ces situations. Ainsi, qu'il existe des symptômes multiples, chroniques, qui rendent malades les gens, n'est pas douteux. Mais les relier à une infection du passé ou à la possibilité non documentée

12. Didier RAOULT, *Q Fever : Confusion Between Chronic Infection and Chronic Fatigue*, Clinical Infectious Diseases, 2017, 65(6) : 1054-5.

d'une infection passée est une hypothèse qui ne fait en rien progresser leur prise en charge. Le fait que les associations de malades soient certaines de pouvoir mieux comprendre leur pathologie que les spécialistes réels du domaine (ceux qui ont des publications internationales) n'améliorera pas la prise en charge. Pas plus que le recours aux drogues dures dérivées de l'opium, prescrites pour des douleurs chroniques sans lésion.

ESSAI PLACEBO, EFFET NOCEBO : LE SCIENTISME CONTRE LA MÉDECINE

Il faut se méfier du pseudo-rationalisme. Ainsi ce n'est pas parce que l'on ne peut pas identifier le mécanisme des effets d'un médicament que ces effets n'existent pas. On connaît depuis longtemps l'existence d'un effet placebo, c'est-à-dire une action bénéfique due à la prise d'un faux médicament sans principe actif. Cet effet bénéfique a été négligé en particulier du fait qu'idéologiquement il n'est pas acceptable dans les pays anglo-saxons, pour lesquels la priorité du rapport médecin-malade doit être basée sur l'autonomie et donc interdit le mensonge, même bénéfique. Toutefois le placebo, pour être subjectif, n'en est pas moins un phénomène biologique, qui est maintenant bien compris. Il est basé sur la sécrétion interne d'opioïdes (molécules de l'opium) et de cannabinoïdes (molécules du cannabis). Les antagonistes de ces produits inhibent l'effet placebo. Il s'agit donc bien d'un effet biologique réel. Les seuls qui ont encore le droit d'utiliser des médicaments majoritairement subjectifs sont les médecins utilisant les « médecines alternatives » avec la sophrologie, l'hypnose, sans doute l'homéopathie et, peut-être, l'acupuncture. Quoi qu'il en soit, biologiquement, il existe indéniablement un effet bénéfique à la prescription de molécules ne comprenant pas de produit actif. À l'inverse il est décrit, depuis les années 1960, un effet nocebo, c'est-à-dire un effet négatif avec la prise de produits inertes. Après la prise de comprimés, 3 à 4 % des gens peuvent présenter des démangeaisons, de la fièvre, de la toux, et cela est fréquent chez les allergiques. Cet effet nocebo est particulièrement notable au cours des injections de vaccins, ou jusqu'à 8 % des gens peuvent rapporter, après une injection ne contenant que du sérum physiologique, des douleurs articulaires, des maux de tête, des insomnies, une éruption, voire de la fièvre. Ainsi toute injection vaccinale peut avoir un effet désagréable lié à l'effet nocebo. Celui-ci est dû à une molécule, la cholécystokinine, qui inhibe l'effet des opioïdes sur le cerveau. Cet effet peut être annulé par celui d'autres médicaments. Une explication précise des praticiens injectant des vaccins ou prescrivant des médicaments permet de diminuer l'ampleur de l'effet nocebo qui peut être déclenché par l'angoisse. Quoi qu'il en soit, il devient nécessaire dans la recherche médicale, outre l'identification des effets placebo ou nocebo des médicaments factices, de comparer l'absence de prise de médicaments à la prise de médicaments factices, pour rechercher si ceux-ci peuvent avoir des effets positifs ou négatifs. Il est vraisemblable que l'ampleur de l'effet est en partie liée à la qualité de la prescription et des explications données par le prescripteur. Ainsi, que les phénomènes soient déclenchés psychologiquement ou subjectivement n'empêche pas qu'ils représentent un véritable élément biologique de la médecine, que la science des vrais scientifiques reconnaît et qui doit se démarquer des faux scientifiques qui négligent ce qu'ils ne comprennent pas, dont l'effet placebo.

UN EFFET NOCEBO SOCIÉTAL : L'INFORMATION SANS HIÉRARCHIE[13]

Le Levothyrox, un médicament destiné à pallier le manque d'hormones de la thyroïde, est un modèle de la modernité et nous annonce les désastres sanitaires de la post-vérité. Les propos des réseaux sociaux, les pétitions, les communications non vérifiées par les professionnels sont passés des bistrots à la presse généraliste. Tout le monde se fait médecin, juge ou policier, et la compassion entraîne l'adhésion. Dans ces interprétations à l'emporte-pièce, trois phénomènes sont ignorés, qui devraient pourtant être intégrés : l'effet nocebo, les effets biologiques rares et les épidémies sociales.

L'effet nocebo, on l'a vu dans les pages qui précèdent, est un effet indésirable qui n'a pas de substrat chimique. On a pu montrer que même le médecin influence l'importance des effets secondaires. Ainsi, une étude du *Lancet* sur les effets secondaires des statines (qui sont controversées) prouve que celles-ci ont un effet nocebo. Or, prescrites en « double aveugle » (ni le médecin

13. 14 septembre 2017 – Le Point.fr, sous le titre : *Levothyrox et post-vérité.*

ni le patient ne savent quel produit contient le médicament), elles déclenchent le même nombre d'effets secondaires que le placebo qui ne comprend aucun produit actif. En simple aveugle (le médecin seul connaît le produit prescrit), il y a plus d'effets secondaires avec les statines. L'effet est induit par le discours du médecin. Il est d'autant plus marqué que la crainte d'effets secondaires est grande.

Il n'y a aucune chance que l'effet nocebo diminue avec le tapage autour des risques du nouveau Levothyrox. En effet, les épidémies sociales, c'est-à-dire la diffusion de maladies suscitées par la publicité qui leur est faite, sont connues – en ce qui concerne le suicide – depuis les travaux de Durkheim en 1897. Parler des suicides entraîne une augmentation des suicides. La frénésie médiatique après les attentats suscite des vocations de terroristes visibles dans tous les hôpitaux psychiatriques. Et l'emballement médiatique autour du Levothyrox va faire de même. Nous sommes au début d'une époque où l'information sans hiérarchie, le courrier des lecteurs, les réseaux sociaux vont pouvoir redéfinir par eux-mêmes, sans aucun substrat réaliste, la médecine et ses dangers. Tous ceux qui émettent des réserves sont accusés de manquer de cœur, d'être sourds à la souffrance ou achetés par l'industrie.

Certains journalistes ne veulent pas manquer le nouveau scandale sanitaire ou recherchent une audience grâce au dernier sujet qui fâche. Cela entraîne un cercle vicieux : réseaux sociaux, journaux (bien peu de journaux ont la prudence de vérifier la crédibilité de la plainte auprès de professionnels). En conclusion, le psychisme provoque des réactions non médicamenteuses et il existe des maladies socialement induites. Il n'est pas indigne d'avoir une maladie psychologiquement ou socialement induite, mais la réponse à ces maladies ne repose pas sur des modifications chimiques mais sur de l'empathie, et de l'information par des sources crédibles, en fait… de la médecine ! C'est un enjeu majeur de nos sociétés.

ON NE PEUT PAS TOUJOURS CROIRE LES MALADES !

Dans l'épidémie d'informations alarmantes non filtrées, la prise de parole directe des malades, seuls ou par le biais d'associations, dans la presse et les réseaux sociaux ou auprès des politiques, joue maintenant un rôle déterminant. Ainsi, on peut lancer des plans nationaux basés sur l'expression de groupes de personnes qui estiment mieux connaître leurs problèmes que les professionnels. Ces plans doivent évidemment être critiqués par les praticiens s'ils ne riment à rien ou se révèlent dangereux, ce qui amène ceux-ci à avoir des attitudes qui déçoivent les malades.

Je voudrais ici prendre un exemple que je connais bien. Pendant très longtemps, j'ai traité des infections osseuses chroniques. Au cours de cette expérience avec plusieurs centaines de patients, certains ont présenté un échec. Nous avons pu identifier quatre types de causes à cet échec. La première raison de cet échec était qu'il existait plusieurs microbes pour l'infection, dont certains étaient extrêmement difficiles à cultiver et résistants, et que nous n'étions pas parvenus à les identifier. La deuxième était que le patient ne prenait pas le médicament, ce qui est une cause assez commune d'échec… Il suffit de doser les médicaments dans le sang pour se rendre compte que certains patients, pour des raisons qui leur sont propres, ne prennent pas les médicaments et s'étonnent de ne pas guérir !

La troisième cause est un peu plus complexe : il s'agit du « syndrome de Münchhausen », pathologie assez fréquente dans les infections chroniques cutanées et osseuses. Ici, c'est le patient lui-même qui s'injecte des microbes (de la salive ou matière fécale) sous la peau ou dans les os et met le médecin au défi d'en faire le diagnostic et la thérapeutique. Le syndrome de Münchhausen, parfaitement connu et identifié, témoigne de troubles psychiatriques graves.

Enfin, quatrième cause : il existe des pathologies purement factices, destinées à obtenir des avantages économiques ou sociaux. Cela est juste la réalité de la pratique médicale. Mais pour quelqu'un qui n'a pas l'expérience ni le temps de détecter les syndromes de Münchhausen, il faut parfois des mois, voire des années pour les diagnostiquer. La compassion que l'on doit à tous les patients peut prendre le pas sur la réalité de la connaissance médicale et amener à prendre des mesures concernant des pathologies pour lesquelles il n'existe pas de solution simple. Certaines alternatives, tels les miracles, ont d'ailleurs relativement disparu. J'ai eu parmi mes patients un malade qui est revenu guéri d'un syndrome de Münchhausen après un pèlerinage à Lourdes et qui a déclaré cette guérison miraculeuse.

Quoi qu'il en soit, le relais direct entre malade et médias ou politiques pose réellement un problème. Le rôle du médecin est d'écouter et de traduire dans la réalité les symptômes et les lésions observés. Les médecins se trompent parfois, mais les humains sont complexes et ils mentent beaucoup. Ils interprètent souvent eux-mêmes leurs symptômes, mais toute simplification basée sur la bonne foi de l'auditeur naïf et sur l'échec de la médecine à résoudre certains problèmes est dangereuse.

– DEUXIÈME PARTIE –

EN SAVOIR UN PEU PLUS SUR LES MALADIES ET L'ÉTAT DE LA SANTÉ EN FRANCE ET DANS LE MONDE

MICROBES : LE CLASSEMENT DES SERIAL KILLERS[14]

Loin du bruit et de la fureur des maladies émergentes, il est intéressant de voir ce qui tue vraiment. L'analyse des 25 premières causes infectieuses de mortalité en 2015 dans le monde permettait déjà de remettre les choses en phase. Le premier groupe tue plus de 500 000 personnes par an. Le pire tueur est le pneumocoque, agent de la pneumonie et de la méningite, qui tue plus de 1,6 million de personnes par an dans le monde. La diminution spectaculaire de ce germe dans les pays développés qui ont généralisé la vaccination des enfants est la preuve qu'on pourrait éviter quelques centaines de milliers de morts avec un programme de vaccination international. Les trois suivants tuent entre 700 000 et 1,2 million de personnes par an, il s'agit des trois tueurs majeurs : sida, tuberculose et paludisme, contre lesquels il n'existe pas de vaccin efficace. La baisse spectaculaire des cas de paludisme est liée à l'usage d'insecticides auxquels les moustiques, cependant, deviennent résistants. Le rotavirus, dans les pays

14. 14 juin 2017 – Le Point.fr

les plus pauvres, tue près de 200 000 personnes, mais il existe un vaccin efficace. Ensuite vient un groupe de microbes associés aux eaux usées contaminées par les matières fécales, qui doivent régresser à condition d'améliorer les infrastructures urbaines. Quatre microbes sont en cause : les *Shigella*, la typhoïde, le choléra et les amibiases. Tous ensemble, ces quatre-là tuent 450 000 personnes par an. Ensuite vient *Haemophilus influenzae.* Comme le pneumocoque, il peut tuer par méningite ou par surinfection pulmonaire. Il existe un très bon vaccin et sa généralisation rendrait service, car il tue encore 130 000 personnes par an. Le retour de la syphilis cause 100 000 morts. Il existe ensuite un groupe de maladies majoritairement transmises par les animaux d'élevage (volailles et porcs) : salmonelles, *Escherichia coli* et *Campylobacter,* qui tuent près de 200 000 personnes. On estime que la grippe tue un peu moins de 100 000 personnes par an, à peu près autant que le virus respiratoire syncytial. Il existe un vaccin contre la grippe, malheureusement d'efficacité limitée, le vaccin contre le virus syncytial est une priorité. Ensuite vient le virus de la rougeole, qui tue encore 70 000 personnes par an, autant que la méningite à méningocoque. Le vaccin contre la rougeole reste pourtant parfaitement efficace, mais l'objectif de faire disparaître cette maladie n'a pas été atteint car il existe encore des poches entières de personnes non vaccinées. Le virus de l'hépatite B tue 65 000 personnes par an, malgré une vaccination efficace, de même que la coqueluche, qui tue près de 60 000 personnes. Enfin, le norovirus, agent de diarrhée commun, tue surtout les enfants et les sujets âgés (30 000 par an). Ce sont là les vrais tueurs ; dans la plupart des cas nous sommes capables d'en prévenir les attaques par des mesures sanitaires simples ou par vaccination, et nous sommes aussi capables de les traiter, avec l'exception notable et persistante des maladies nécessitant des traitements à vie comme le sida ou des traitements très longs pour la tuberculose. Voilà les vraies priorités de santé publique dans le domaine des maladies infectieuses. Il vaut mieux s'en préoccuper qu'essayer de deviner les maladies du futur.

LE CANCER COMME ÉCOSYSTÈME

Les maladies infectieuses, on le sait depuis longtemps, sont des déséquilibres d'écosystèmes. Contrairement à l'hypothèse initiale de Pasteur résumant l'histoire à : « un germe = une maladie ». La maladie, de fait, résulte tout à la fois des spécificités génétiques des humains, des spécificités génétiques et environnementales du microbe, de l'exposition préalable des humains à un certain nombre de microbes, de leur état immunitaire à un moment donné, des maladies concomitantes, de leur consommation de médicaments, de drogue et/ou de tabac, de la saison, du taux d'humidité extérieur, et des microbes qui les habitent. Cette complexité explique l'impossibilité de prédire les épidémies ou l'émergence de nouvelles maladies.

La même complexité se découvre dans les cancers. Jusqu'à un passé récent et dans la population générale, l'idée du cancer était simple : un risque = un cancer. Ce qui était l'équivalent pasteurien des maladies infectieuses. Depuis quelques années se sont greffés les risques liés à la génétique et le rôle du système immunitaire dans les cancers. Certains expriment cela en disant que les cancérologues doivent devenir des immunologistes.

De fait, la révolution thérapeutique actuelle des cancers vient de l'immunologie. Maintenant, un tableau infiniment plus complexe de la genèse des cancers apparaît. On note des éléments génétiques (parfois très subtils), des événements passés – par exemple des infections (des virus sont à l'origine de cancers, de même que des bactéries) –, mais aussi le rôle des « cellules immunitaires balayeuses » de cellules cancéreuses. La fréquence à laquelle se multiplient les cellules, dans un organe donné, augmente le risque de génération de cellules cancéreuses. C'est ce qui fait dire que la plupart des cancers surviennent au hasard, du fait de la probabilité de voir apparaître des cellules cancéreuses quand les cellules se multiplient plus souvent. Toutefois l'élimination de ces cellules ne se fait pas par hasard. Enfin, le rôle des microbes environnants apparaît. Certains ont un rôle protecteur contre le cancer, d'autres un rôle inducteur de cancer, d'autres encore un rôle favorisant l'efficacité des chimiothérapies.

En réalité, des cellules cancéreuses apparaissent en permanence dans notre corps, et le contrôle de ces cellules cancéreuses à un niveau local est lié à de très nombreux facteurs, pour la plupart de nature immunitaire. Le paradoxe étant que l'exposition solaire favorise le mélanome et qu'une fréquente exposition empêche la diffusion du mélanome par métastase, du fait d'une réaction immunitaire antérieure locale créée par l'élimination de cellules cancéreuses isolées.

« Cellules cancéreuses » ne veut plus dire « cancer incontrôlé » ni « chirurgie ». De nombreuses lésions sans danger ont été opérées sans raison (prostate en particulier). Nous entrons enfin en cancérologie dans une vision plus intelligente et plus intéressante, qui ouvre des perspectives thérapeutiques extraordinaires du fait de l'utilisation potentielle de la réponse immunitaire contre les cancers et de la manipulation des microbes vivant en nous et œuvrant dans ce même objectif.

LES MICROBES À NOTRE SECOURS

Le microbiote, c'est-à-dire la population microbienne qui nous habite, est constitué de milliards et de milliards de microbes qui se font entre eux une guerre permanente, se traduisant par la réduction quotidienne de 90 % de la population microbienne. Surtout, le microbiote empêche les ennemis microbiens de l'extérieur de s'implanter sur nos muqueuses, dont il a fait son territoire. Ainsi, nous sommes un écosystème vivant généralisé. Ces microbes sécrètent toute une série de produits à activité antimicrobienne, d'abord des antibiotiques (qui sont tous d'origine microbienne), des antiviraux mais aussi des antimitotiques utilisés en chimiothérapie anticancéreuse. Par ailleurs, certains d'entre eux ont intégré les séquences de leurs ennemis et peuvent détruire ainsi les virus qui tenteraient de s'introduire dans notre organisme. Ainsi, notre corps est le théâtre de milliards d'êtres vivants qui empêchent l'implantation des étrangers en utilisant des armes qui sont beaucoup plus anciennes que nous. Mais en même temps qu'ils ont développé ces armes, d'autres microbes ont développé des parades, des enzymes qui découpent ces armes de façon à pouvoir y résister. La destruction de notre microbiote nous expose à des maladies infectieuses et, peut-être, cancéreuses. Sa restauration par l'ingestion de microbes de production industrialisée (les probiotiques) ou par greffe de microbiote de sujets sains est en plein développement et fait l'objet d'un investissement scientifique et financier exceptionnel.

LES BACTÉRIES : AMIES OU ENNEMIES ?

L'analyse de la mortalité globale dans le monde réalisée par *The Lancet* en 2015 montre que la mortalité recule dans tous les domaines. Celui des trois grands tueurs (sida, tuberculose, paludisme), celui des maladies infectieuses d'origine bactérienne et virale, celui des maladies parasitaires tropicales, la mortalité materno-infantile, mais aussi les maladies chroniques : les cancers dans leur ensemble, les maladies cardiovasculaires (en grande partie dans les pays développés grâce aux statines, malgré la mauvaise réputation qu'on leur a faite), les cirrhoses, les maladies neurologiques dont l'Alzheimer, à l'exception toutefois de la maladie de Parkinson, dont la fréquence augmente. Ce qui augmente aussi, c'est le diabète et ses complications ; en revanche les insuffisances rénales augmentent modérément, les accidents de la route diminuent, de même que les accidents naturels ou les meurtres, à l'exception des guerres et des faits liés au terrorisme.

Pour les cancers, une très bonne nouvelle apparaît : il est possible que malgré toutes les prédictions on ait une approche globale du cancer liée au fait qu'on a identifié que celui-ci était le résultat d'une baisse des défenses immunitaires, devenues incapables d'éliminer des cellules cancéreuses qui n'arrêtent pas de se produire dans le corps humain. Les nouvelles thérapeutiques ont entraîné un bouleversement de la prise en charge du mélanome, et l'on voit maintenant ces stratégies appliquées avec succès au cancer du poumon et du rein (dont on vient de montrer qu'il était protégé en partie par une consommation modérée d'alcool). Par ailleurs, ces thérapeutiques n'entraînent aucune immunodépression et relativement peu de complications et les microbes amis y jouent un rôle majeur.

La mort par infection bactérienne dans le monde, quant à elle, ne cesse de diminuer : la première cause de mortalité mondiale, les pneumonies bactériennes, est descendue, depuis que l'on a commencé à établir des statistiques, à la troisième place du fait de l'accès des plus pauvres aux antibiotiques, en particulier en Inde et en Chine. Une fois encore, les antibiotiques permettent de sauver des centaines de personnes supplémentaires. L'antibiorésistance, qui est censée nous ramener avant la Seconde Guerre mondiale, est un fantasme que j'entends évoquer depuis quarante ans. Aucune raison scientifique ne peut justifier une augmentation de la mortalité par infection bactérienne due à la résistance des bactéries : les médicaments de l'arsenal thérapeutique que nous avons pour l'instant suffisent à traiter toutes les infections bactériennes. Sauf que leur absence de rentabilité rend l'accès à des molécules anciennes impossible, car il n'y a pas de politique d'usage de ces produits[15] ! Par ailleurs, les alertes sur la vache folle, les deux grippes aviaires, le syndrome de détresse respiratoire aiguë, le coronavirus moyen-oriental, le bioterrorisme, le chikungunya métropolitain, la tuberculose multirésistante n'ont pas donné lieu à une mortalité significative en France depuis vingt ans. Le COVID-19 est une exception dont il faudra faire le bilan régional.

En revanche, il faut consacrer plus de temps et d'énergie à l'émergence des vraies nouvelles maladies bactériennes : les clones de staphylocoques dorés, *Escherichia coli* et *Enterococcus* (en provenance des élevages de poules et de porcins) qui, eux, tuent des milliers de personnes par an, de même qu'à *Clostridium difficile*, qui tue 2 500 personnes chaque année dans notre pays.

15. Voir Didier Raoult : *Au-delà de l'affaire de la chloroquine, comment l'industrie pharmaceutique pervertit nos systèmes de santé et met la nôtre en péril.*

LE CANNIBALISME COMME DÉFENSE IMMUNITAIRE

Claude Lévi-Strauss tentait d'exprimer que le cannibalisme n'était pas une sauvagerie totale mais une tentative de s'approprier la force de l'ennemi. Les deux mécanismes de défense de société qu'il décrivait étaient le cannibalisme, qui consiste à manger la force de son ennemi, et l'ostracisme, qui consiste à le rejeter à l'extérieur. Il se trouve que ces deux mécanismes sont aussi ceux que nous connaissons le mieux actuellement dans la défense contre des êtres vivants et leurs bagarres entre eux. Le cannibalisme a été décrit sous le nom de phagocytose par Metchnikov : les cellules humaines dévorent les bactéries pour les tuer, et constituer ainsi le pus que l'on observe. Mais à un niveau supplémentaire, et contrairement aux théories darwiniennes, on s'est rendu compte que le mécanisme de défense le plus ancien consistait en la cannibalisation et l'intégration des séquences d'ADN de l'ennemi. La cannibalisation et la transmission à la descendance de ces séquences permettent, comme un hameçon, de harponner l'ennemi de même nature qui se présente, et de se servir d'enzymes spéciales pour le découper. Ainsi, nous retrouvons la trace dans notre génome de milliers de morceaux de virus qui nous ont envahis dans le passé, et que nous avons neutralisés de cette façon : ils ne peuvent plus nous infecter du fait de la présence des séquences de leurs ancêtres chez nous. C'est la défense immunitaire de base des populations. Ce phénomène n'est pas seulement un phénomène ancien, il continue à se perpétrer. Ainsi, une des très grandes découvertes du XXIe siècle est que les CIRSPRs, dits ciseaux génétiques, ne sont rien d'autre que le système de cannibalisation par les bactéries qui permet d'identifier une partie d'un gène, de la découper et de la remplacer par une autre, et ce sont probablement ces ciseaux qui changeront profondément la sensibilité génétique ou les anomalies génétiques chez les humains dans un futur relativement proche. Cette découverte a mérité le prix Nobel de chimie en 2020.

CES ANTIBIOTIQUES QUI SAUVENT ET CEUX QUI TUENT...[16]

C'est un sujet d'inquiétude qui alimente les médias depuis quelques années : la résistance aux antibiotiques de certaines bactéries. La peur a saisi le monde et l'on en a presque oublié que les antibiotiques continuent à sauver des vies. Comme expert auprès des tribunaux, j'ai plusieurs fois eu l'occasion de me prononcer sur des décès dus à l'absence de prise en charge thérapeutique par des antibiotiques. Il s'agissait de pneumonies ou d'angines ayant dégénéré chez des sujets immunodéprimés ou d'infections respiratoires considérées à tort comme exclusivement virales, alors qu'en réalité la plupart des infections respiratoires mortelles sont des « surinfections » en raison de la coexistence de virus et de bactéries. Ainsi, quand des enfants se présentent aux urgences avec une infection virale respiratoire, on leur trouve dans 10 % des cas une bactérie pathogène dans le sang. La diffusion des antibiotiques est un facteur d'émergence des résistances en Inde et en Chine, mais elle a aussi permis de faire régresser

16. 8 août 2017 – Publié par Olivia Recasens

de manière très spectaculaire la première cause de mortalité dans ces pays : la pneumonie. Depuis dix ans, les décès par maladies infectieuses ont ainsi diminué de 30 % dans le monde. Rien ne justifie donc cet état de fébrilité anxieuse face au risque d'antibiorésistance qui a touché jusque l'OMS. En pratique, nous avons réalisé ici, dans notre laboratoire à Marseille, une revue exhaustive des mortalités par bactéries multirésistantes sur une période de deux ans et demi, et nous n'avons pas trouvé un seul cas qui puisse être lié à un déficit d'efficacité des antibiotiques. Aucun de mes collègues réanimateurs à Marseille ne s'est trouvé face à une situation d'impasse thérapeutique, faute d'antibiotique efficace.

Le premier tueur bactérien

En revanche, il existe bien une situation où les antibiotiques tuent. Elle se produit en cas de déséquilibre du microbiote intestinal, en particulier chez les sujets âgés, quand ils sont porteurs d'une bactérie appelée *Clostridium difficile.* Cette bactérie, que peu de gens connaissent, est en réalité un des premiers tueurs bactériens dans notre pays : 2 500 morts chaque année en France, 15 000 en Europe, 15 000 aux États-Unis. La bactérie n'est pas multirésistante, non. En fait, lorsque les gens sont porteurs de *Clostridium difficile* et qu'ils reçoivent des antibiotiques à large spectre, en particulier les quinolones et les céphalosporines de troisième génération – dont il faudrait restreindre l'accès en prescription de ville –, un déséquilibre de la flore peut se produire chez les plus de 65 ans, et le risque est alors très important de faire une infection, dont la mortalité s'élève à 18 % ! Il faudrait, avant de prescrire des antibiotiques à des patients atteints d'infection urinaire ou de pneumonie, vérifier dans leurs selles qu'ils ne sont pas porteurs de cette bactérie, afin de ne pas transformer un traitement qui les guérit en un traitement qui les tue !

LES MALADIES INFECTIEUSES SONT DES MALADIES D'ÉCOSYSTÈME, IL FAUT EN TENIR COMPTE

Le tournant de la science des maladies infectieuses s'est produit au XIXe siècle en France (Pasteur), en Allemagne (Koch) et en Angleterre (Lister), où la théorie du germe s'est imposée. La conclusion « un germe : une maladie » a prévalu pendant plus d'un siècle, mais il devient nécessaire de changer de modèle en le rendant plus cohérent et de redéfinir les maladies infectieuses comme des maladies d'écosystème. Hippocrate déjà demandait aux médecins d'observer le pays, la saison et l'environnement pour évaluer le risque de maladie. Les découvertes les plus récentes montrent que le microbe associé à une maladie n'est qu'une partie du problème. Le malade a une sensibilité plus ou moins grande d'origine génétique, mais aussi liée à son état immunitaire, au sexe, à l'âge et aux intoxications (tabac, alcool, drogues). L'environnement joue aussi un rôle, avec la pollution, mais aussi l'ensoleillement, la chaleur, l'humidité et la saison. Le mécanisme selon lequel ces éléments agissent reste mal compris. Toutefois, la redécouverte la plus spectaculaire est celle du rôle des microbes qui nous habitent. Cela avait été postulé par Metchnikov au début du XXe siècle. Les microbes sont nombreux, il y a 10 à 100 fois plus de microbes que de cellules humaines dans notre corps. Ils ont inventé les antibiotiques et leur résistance. Ils les utilisent pour se battre entre eux et contre les microbes de l'extérieur, dont les microbes ennemis, qui provoquent les maladies. Ils peuvent lutter contre les cellules cancéreuses et les parasites. Nous commençons à peine à en saisir l'importance, mais la prescription de microbes médicaments (dont les probiotiques, l'ultralevure et les produits laitiers fermentés sont les ancêtres) devient un des enjeux les plus forts de la recherche médicale mondiale qui lève dans ce but des fonds colossaux.

LE SIDA : DE « 120 BATTEMENTS PAR MINUTE » AUX ESPOIRS ACTUELS

Je ne peux pas voir le film *120 battements par minute* : cela me rappelle trop de souvenirs insupportables. Il rapporte la réponse d'Act Up en France au sida, la plus monstrueuse épidémie des temps modernes. J'ai dirigé la première unité prenant en charge des patients atteints de cette maladie au CHU de Marseille en 1984. Le sida a tué mes amis homosexuels les plus brillants, dont mon témoin de mariage et deux de mes élèves que j'avais préparés au concours de l'internat. Nous voyions alors des jeunes gens, filles et garçons, beaux et dynamiques, ainsi que des intellectuels et des artistes de tous âges se décomposer sous nos yeux. L'état d'impuissance et la douleur dans lesquels nous étions alors m'ont fait abandonner ce domaine où la place était à la compassion et à l'action collective tournée vers la pression politique. Je voulais avoir des actions médicales et scientifiques efficaces et dépendantes de moi. C'est vrai que ce sont les industriels, poussés par l'urgence et les associations de malades, qui ont réussi la synthèse du premier médicament en 1989, puis commercialisé celui-ci en un temps record en

1995. C'est le choix de l'action dynamique et de l'information brute qu'a pris Act Up dans l'admirable « Tout est bon pour vivre, et la vie est plus importante que la honte », à la différence d'autres associations. J'étais d'accord alors avec eux et je n'ai pas changé. La création de l'Agence nationale de la recherche sur le sida, répondant elle aussi à la pression, a pallié l'absence stratégique de l'INSERM à l'époque. C'est cette agence qui a permis la formation d'équipes françaises aux essais cliniques à grande échelle ; et son rôle a été fondamental, comme j'ai eu l'occasion de l'écrire dans une mission au ministère de la Santé et à celui de la Recherche en 2003[17]. L'innovation a été accélérée par ceux dont la vie était en jeu. L'échange de médicaments entre patients, fait en cachette et randomisé pour échapper au hasard des études médicales et mutualiser la chance, a été institutionnalisé. La mise en place des préventions médicamenteuses d'abord utilisées par les plus concernés a été faite grâce aux associations, puis a été validée ultérieurement par l'Agence nationale de la recherche sur le sida.

---

17. Didier Raoult, *Rapport sur le bioterrorisme et les maladies infectieuses au ministre de la Santé*, 2003, http://www.ladocumentationfrancaise.fr/rapports-publics/034000441/index.shtml

Aujourd'hui, les associations doivent retrouver le feu qui les animait naguère pour pousser à des choix scientifiques originaux, qui sont broyés par le vieillissement de l'administration de la recherche sur le sida. Je crois que parvenir à contacter les personnes infectées non malades et les étudier est indispensable pour proposer une prévention, en imitant la nature qui en épargne certains, pour des raisons inconnues. Cela a plus de chances de succès que la recherche d'un vaccin dont l'échec était prévisible et qui a englouti des milliards d'euros et de dollars. En effet, les maladies qui ne déclenchent pas de protection naturelle en général ont peu de chances de faire l'objet de vaccins.

Un nouveau souffle dans la lutte contre le sida

Une publication récente rapporte que 10 % des enfants nés de patients infectés par le virus du sida sont infectés avec des virus circulants mais ne sont pas malades. Cela ressemble beaucoup à ce qui se passe chez les singes verts avec leur rétrovirus.

Ce phénomène a été très étudié chez les koalas, dont un groupe est devenu résistant au virus de leur sida. C'est la conséquence de l'endogénéisation, c'est-à-dire la colonisation des ovules ou des spermatozoïdes par les gènes du virus, cannibalisés, qui intègrent les chromosomes et sont ainsi transmis à toutes les cellules de l'enfant à naître. C'est ce phénomène qui les rend résistants à une infection. Ce phénomène d'intégration/« cannibalisation » des séquences de ce type de virus est aussi ancien que la vie. Tous les vertébrés ont ces morceaux d'ADN de virus cannibalisés qui permettent aux mammifères de créer le placenta. C'est le cas aussi de tous les microbes qui portent les traces des virus cannibalisés et les protègent. Cela se voit également chez les virus géants qui ont cannibalisé leurs virus parasites comme nous l'avons décrit dans *Nature*. Le monde du vivant sait comment gérer les virus parasites, notre science doit l'imiter. La défense contre les rétrovirus, c'est la cannibalisation, pas les anticorps ; c'est pourquoi les vaccins ne marchent pas dans cette maladie.

LE CHOLÉRA : MALADIE CONTAGIEUSE OU MALADIE ENVIRONNEMENTALE ?

L'épidémie de choléra à Haïti a été l'objet d'un débat furieux entre ceux qui pensent que le choléra est une maladie contagieuse qui fonctionne par bouffées épidémiques (comme décrit dans *Le Hussard sur le toit* de Jean Giono) et qui peut être entièrement contrôlée par le traitement des eaux usées car c'est une maladie due au péril fécal, et ceux, en particulier Rita Colwell, à partir des années 1970, qui ont proposé une cause alternative : selon eux le choléra serait, en réalité, une maladie venant de l'environnement.

Ce débat reproduit celui du XIXe siècle que l'on croyait résolu. En effet, *Vibrio cholerae* peut vivre dans l'eau de mer. Au départ de l'énorme épidémie de Haïti, les environnementalistes ont prétendu que c'était une conséquence du réchauffement de la planète et du phénomène El Niño. Si cela était vrai, seule une stratégie basée sur la vaccination était capable d'endiguer le choléra. Ainsi, le débat sur la priorité à mettre en place – est-ce qu'il faut se concentrer sur l'accès à de l'eau potable ou sur la diffusion d'un vaccin distribué de manière massive ? – a-t-il été posé. Par ailleurs, reconnaître que le choléra était une maladie épidémique à transmission interhumaine liée au péril fécal amenait à mettre en cause les soldats népalais de l'ONU (une épidémie de choléra sévissait au Népal) envoyés à Haïti après le tremblement de terre[18], qui ont de fait été les vecteurs de l'épidémie. Cela a fait l'objet d'un très long conflit scientifique, mais deux articles récents dans *Science* démontrent une bonne fois pour toutes que le choléra est une maladie épidémique, qui ne s'est d'ailleurs jamais implantée en dehors de son berceau d'origine : le sous-continent indien. Les épidémies successives qui depuis 1970 sont apparues en Afrique et en Amérique ont toutes une origine asiatique. La lutte contre le choléra reste la même qu'il y a plus de cent ans, telle que l'a décrite le pionnier de l'épidémiologie anglaise, John Snow, en 1849, qui démontra que l'épidémie n'était pas due à la pollution ni aux miasmes mais à l'eau souillée par les matières fécales. Le choléra est une maladie contagieuse. Il ne s'agit pas d'une maladie environnementale. Les épidémies finissent par disparaître pour des raisons obscures. Seuls quelques clones sont capables, au milieu de l'espèce de *Vibrio cholerae*, de causer des épidémies,

18. Kai KUPFERSCHMIDT, *Genomes rewrite cholera's global story*, Science, 2017, 358(6364) : 706-7.

et ce ne sont pas ceux qu'on a retrouvés dans la mer à Haïti. Il faut faire attention aux effets de mode ; le choléra actuel n'est pas réellement différent de ce qu'il était au XIXe siècle et ce genre d'épidémies n'a pas grand-chose à voir avec les changements climatiques. En pratique, il est vraisemblable que l'augmentation rapide de la longévité humaine au XXe siècle soit la conséquence du traitement des eaux usées. C'est ce qui doit rester la priorité des politiques de santé publique, car ce traitement prévient un grand nombre de maladies, dont le choléra, la poliomyélite et les shigelloses.

LA RÉVOLUTION NEURORADIOLOGIQUE EN PSYCHIATRIE

Depuis le début de l'ère médicale moderne, la psychiatrie a été considérée comme une branche distincte de la médecine du fait de l'absence de lésion visible, d'abord par autopsie, puis par les examens radiologiques usuels. Cette absence d'évidence pose un très grand problème à la fois au médecin et au malade. Quand on ne trouve pas de support objectif à l'examen médical, radiologique ou biologique, ou reste dans l'incertitude et l'on peut même aller jusqu'à nier la véracité des troubles.

De fait, le cerveau est resté, pour l'analyse de ses activités, un organe largement inconnu jusqu'au XXIe siècle, mais désormais, tout change très rapidement. En effet, on peut maintenant identifier par différents examens, dont le PET scanner, des modifications de l'activité du cerveau sans lésion. Ainsi devient-il possible de visualiser les anomalies spécifiques de manifestations psychiatriques bien connues (des troubles dits somatomorphes comprenant des paralysies autrefois qualifiées d'hystérie par Charcot ou des fibromyalgies). Il est aussi possible d'identifier les circuits liés à l'effet placebo (les médicaments qui donnent des effets positifs sans contenir d'élément chimique) et l'effet nocebo (les troubles négatifs associés à des prescriptions médicales). Un travail récent, publié dans le journal *Science*[19], identifie d'ailleurs le circuit passant du cortex à la moelle épinière – qui est en cause dans les douleurs de l'effet nocebo liées à une prescription. Cela va bouleverser notre rapport aux malades. En effet, beaucoup de patients présentent des manifestations subjectives que nous ne savons pas, pour l'instant, visualiser, qualifier ni analyser. Ces malades sont parfois désespérés, à la recherche d'une cause. Souvent est retrouvé un facteur d'agression récent, comme une piqûre de tique ou un vaccin. Jusqu'ici, les examens ne nous permettaient pas de faire la différence entre des atteintes cérébrales induites de type psychogène et des atteintes cérébrales liées à une pathologie organique nécessitant un traitement chimique ou mécanique. Mais tout change, et cette révolution scientifique devrait ramener un peu de calme et de sérénité chez les patients qui, souffrant d'une manière incontestable d'une pathologie non identifiée, vivent l'échec de définition comme un

19. Luana COLLOCA, *Nocebo effects can make you feel pain*, Science, 2017, 358(6359) : 44.

déni de leur maladie. Celle-ci peut être améliorée par un effet placebo (y compris par les antibiotiques) et différentes stratégies thérapeutiques d'effet transitoire. L'ère nouvelle de la psychiatrie radiologique va enfin permettre de qualifier et de montrer les images liées à des troubles d'origine psychique comme pour tous les autres troubles, et permettra de considérer les maladies psychiatriques comme toutes les autres maladies, en ayant une approche rationalisée des patients qui en sont atteints.

ET SI ON REPARLAIT DES VACCINS ?

C'est en effet indispensable car, à force de lire et d'entendre tout et son contraire, les personnes concernées ne savent plus quoi faire en matière de protection vaccinale et cela peut avoir des conséquences désastreuses.

Avant tout : démonter la statue du Commandeur !

Un élément insupportable sur la vaccination, ce sont les attitudes de statue du Commandeur que prennent certains pour nous prédire (encore) des désastres sans réellement évaluer le coût et l'intérêt des vaccins actuels mais en insistant sur leurs risques parfois totalement inexistants (la maladie a disparu), ou en omettant de parler de certains de ces vaccins.

Ainsi, le risque associé aux vaccins qui étaient obligatoires est inexistant et purement imaginaire (poliomyélite, tétanos du nourrisson, diphtérie). Les maladies contagieuses qui frappent tous les enfants et en tuent certains, et qui sont évitées grâce aux vaccins, sont la grippe, la varicelle et la gastro-entérite à rotavirus, mais le débat actuel n'en fait pas mention en France, alors qu'ils sont recommandés depuis longtemps aux États-Unis. Tant que le débat ne s'appuiera pas sur les bénéfices mesurés aujourd'hui (pas ceux d'il y a cinquante ans) – ce qui manque dans notre pays et nous oblige à utiliser les données anglaises ou américaines –, l'utilité et l'usage des vaccins resteront l'objet de débats idéologiques sans intérêt autre que sociologique.

De la démocratie scientifique et du vaccin contre l'hépatite

Le rebondissement de la possible responsabilité du vaccin contre l'hépatite B dans l'apparition de la sclérose en plaques vient de l'Europe. Et c'est un indicateur vraiment intéressant de l'état de nos sociétés. Ainsi, des magistrats peuvent ne pas être convaincus par l'accumulation des études scientifiques et préfèrent croire ce qu'ils pensent être leur bon sens. Pour eux, le lien est évident, du fait de la succession dans le temps vaccin/poussée de sclérose en plaques, bien qu'aucun lien statistique n'ait été trouvé. Entre deux phénomènes fréquents, cette rencontre fortuite est banale. Tout le raisonnement est basé sur l'hypothèse qu'a priori il y a un lien. Si le même type de lien temporel était recherché entre vaccin et accident de la route ou vaccin et poussée de rectocolite hémorragique, il serait trouvé aussi fréquemment. En pratique, la cause de la sclérose en plaques reste mystérieuse, sa fréquence n'a pas augmenté avec la mise en place du vaccin et n'a pas diminué depuis son quasi-abandon en France.

L'absence de base scientifique associée à la théorie du complot de l'industrie du vaccin a généré en réalité une vraie pathologie : l'angoisse injustifiée de millions de vaccinés d'avoir une sclérose en plaques. On peut espérer dans l'avenir des actions collectives pour attaquer en justice les propagateurs d'angoisses injustifiées dont on connaît scientifiquement les conséquences.

Les vaccins dans la post-vérité

Les vaccins ont été au début du XXe siècle un des éléments clivants entre la modernité et le passéisme. Après la vaccination d'Edward Jenner, qui utilisait le virus des bovidés pour protéger contre la variole (avec un succès tout à fait remarquable pour une maladie si fréquente, si contagieuse et si fréquemment mortelle), puis, plus que le vaccin contre la rage qui n'était pas très convaincant, le vaccin contre la diphtérie et la sérothérapie contre la toxine diphtérique, brutalement nous sommes entrés dans une époque de prévention des plus grandes épidémies touchant l'Homme. En pratique, au début du XXe siècle, les hôpitaux étaient remplis de tuberculose, et pour les enfants de variole, poliomyélite et diphtérie. Dans les pays les plus pauvres, la rougeole faisait des massacres ; un proverbe africain disait : « Tu compteras tes garçons après le passage de la rougeole. » Enfin, la rubéole entraînait des malformations fœtales et faisait des petits handicapés. Quant au tétanos, aussi bien en Afrique que dans les pays européens, la moindre plaie était suspecte d'entraîner la mort. Il ne fait pas de doute que pendant soixante ans la solution par les vaccins a changé l'histoire de l'humanité : la variole a été éradiquée, la poliomyélite est sur le point de disparaître, la diphtérie ne subsiste que dans quelques zones et a quasiment disparu sur le continent européen comme en Amérique du Nord, la rougeole est bien maîtrisée même s'il existe des micro-épidémies, le tétanos et la rubéole sont actuellement parfaitement contrôlés dans les pays développés. Ainsi, les grandes épidémies susceptibles d'être contrôlées par les vaccins l'ont été. À côté de cela, il est incontestable que le vaccin contre la tuberculose, qui n'a pas évolué depuis plus de cent ans, a des faiblesses manifestes qui se traduisent par l'importance de l'épidémie de tuberculose actuelle, avec 1,2 million de morts chaque année.

Quoi qu'il en soit, cette solution « miracle » des vaccins qui a tellement changé le cours de l'histoire de l'homme au début du XXe siècle a entraîné un enthousiasme qui ne s'est pas tari pour toutes les vaccinations, même si cela n'était pas réellement justifié par l'évolution de la situation. En effet, certaines maladies ne sont pas susceptibles de déclencher une immunité comme toutes ces maladies aiguës violentes (rougeole, variole, varicelle). Pour ces maladies, la recherche d'un vaccin est illusoire. Pour d'autres, la lutte passe surtout par l'amélioration des conditions d'hygiène. C'est le cas de la plupart des maladies qui sont transmises par les eaux souillées par les matières fécales. Enfin, la rareté ou la quasi-disparition d'un certain nombre de maladies fait remettre en cause la validité des vaccinations et la réalité de leur intérêt. Ainsi d'une part, nous sommes passés d'une ère pionnière où tout apparaissait susceptible d'être résolu par la vaccination, et d'autre part les temps ont changé et notre incapacité à mettre fin à des stratégies qui ont fait leurs preuves il y a quelques années ne manque pas de susciter de plus en plus de réserves. Dans ces conditions, il n'est pas possible de mettre d'un côté les gens qui ont raison, qui sont modernes et scientifiques et qui croient aux vaccins et les ignorants, les réactionnaires et/ou les imbéciles qui n'y croient pas. Lors de mes conférences sur les maladies infectieuses, j'ai l'habitude de poser cette question : « Êtes-vous pour ou contre les vaccins ? » La plupart des gens m'assimilant au clan des progressistes votent pour me faire plaisir pour les vaccins – des étudiants pour la plupart –, et je leur réponds que je ne suis pas d'accord, parce qu'on ne répond pas à une question idiote, à une question aussi vaste et aussi virtuelle. La seule véritable question que l'on puisse poser c'est : « Êtes-vous pour tel vaccin réalisé dans telles conditions, dans telle population, à tel endroit et à tel moment ? » Cette question est une question scientifique. La question virtuelle « Pour ou contre les vaccins ? », qui est une rémanence des interrogations du XIXe siècle, n'a pas beaucoup d'intérêt.

Par ailleurs, il est important de montrer que personne ne détient la vérité absolue car ce sentiment débouche sur des techniques totalitaires d'obligation. La France est un des rares pays qui maintiennent des vaccinations obligatoires, et qui les aient maintenues pendant si longtemps qu'il a été possible d'envoyer en prison des gens accusés d'avoir refusé des vaccins dont en réalité une connaissance approfondie montre qu'ils sont totalement inutiles, tels que le vaccin contre le tétanos, la poliomyélite et la diphtérie chez les enfants de 3 mois.

Ainsi, dépassionner le débat pour faire la part de ce qui est réel et ce qui ne l'est pas est une absolue nécessité. Pour ma part, la première véritable prise de position que j'ai eue sur les vaccins consistait à essayer de convaincre d'arrêter la vaccination contre la variole en 1978, la France étant un des derniers pays à la maintenir (avec les pays francophones) alors que la maladie avait disparu depuis 1976. C'était une vaccination incroyablement mal tolérée qui a laissé des cicatrices à des générations d'enfants, qui entraînait des manifestations neurologiques, et – maintenant on le sait alors que c'était ignoré à l'époque – qui provoquait des myocardites (des inflammations du cœur avec des morts subites). Il n'y avait aucune justification scientifique à maintenir la vaccination contre la variole, mais certains persistaient à vouloir le faire, avec le sentiment de faire partie des sachants, de ceux qui détiennent la vérité contre ceux qui ne la connaissent pas. Cette position, qui est intenable, d'être pour les vaccins à tout prix et de croire que les vaccins répondent à toutes les solutions, amène à douter de tout message tentant d'être raisonnable concernant lesdits vaccins. Ainsi la post-vérité n'est pas nécessairement une post-vérité, c'est le fait de brandir une position comme étant celle de la vérité et de la connaissance en totalité, avec les failles qu'il est très facile de relever, ce qui amène à rejeter en bloc cette affirmation si peu vraisemblable.

Par ailleurs, les vaccins n'échappent pas à l'attente de la société dans un domaine ou dans un autre. Un certain nombre de maladies restent inexpliquées et n'ont pas trouvé de quoi calmer l'angoisse de ceux qui en sont atteints ou de leurs parents. C'est le cas de la sclérose en plaques, c'est le cas de l'autisme, c'est le cas des épisodes de fatigue inexpliquée, et la vaccination est souvent suspectée en premier, car quand il s'agit de quelque chose qui est fait à des gens qui sont en bonne santé, qui est traumatisant, cela ne manque pas de provoquer en soi un certain nombre de réactions. Dans ces conditions, quand les vaccins ne sont plus perçus comme étant une nécessité, la crainte qu'ils soient à l'origine des maladies inexpliquées se développe et peut prendre une importance considérable, comme on l'a vu pour la vaccination contre l'hépatite B en France ou contre la rougeole en Angleterre, après un article du *Lancet*.

Enfin, parfois dans les vaccins les plus récents (c'est un des aspects les plus modernes de la vaccination), la vaccination contre des maladies qui ont comme origine des rapports sexuels – en particulier, la vaccination contre le papillomavirus – amène à avoir des positions liées au libéralisme sexuel. Ceux qui considèrent qu'il ne faut pas empêcher les relations sexuelles hors mariage sont en faveur de la prévention par le vaccin, et ceux qui sont contre les relations sexuelles hors mariage sont plutôt hostiles au vaccin. D'une manière intéressante, les ultralibéraux aux États-Unis étaient aussi ceux qui étaient hostiles au vaccin contre la rougeole, ce qui fait qu'on ne peut plus maintenant clarifier chez les uns et les autres ce qui est effectivement une position de principe « pour ou contre » la vaccination. Nous sommes dans une autre époque. Le rôle de la vaccination n'est plus le même que ce qu'il était au début du XXe siècle, et il importe de reposer les bonnes questions pour que la population se saisisse du problème et tente de le comprendre. Par ailleurs, du fait de l'importance des réactions sociales et des réactions de la presse, les décisions qui sont prises par les gouvernements sont de plus en plus en harmonie avec les angoisses de la population ou les certitudes de leurs conseillers. Cela amène à prendre des positions rigides ou à ne pas prendre de position du tout, c'est-à-dire soit d'imposer de nouveaux vaccins, soit de laisser des vaccins en fonction alors qu'ils n'ont plus d'intérêt réel. C'est pourquoi il faut reprendre entièrement la réflexion sur les stratégies vaccinales et sur la place des vaccins dans la prévention des maladies infectieuses.

Vaccination : un nécessaire changement de modèle

Pour pouvoir être efficace, la politique vaccinale doit s'adapter aux questions actuelles.

Elle a d'abord été mise en place pour des maladies souvent mortelles et fréquentes, ce qui a déterminé le calendrier vaccinal initial. Cela a aussi déterminé les premières cibles du vaccin. Mais les choses ont évolué ; en grande partie grâce aux vaccins, mais aussi à l'amélioration des conditions d'hygiène. Quoi qu'il en soit, les fléaux du début du XXe siècle ont régressé d'une manière spectaculaire et quasiment disparu dans les pays développés d'Europe de l'Ouest et aux États-Unis. En revanche, cette quasi-disparition ou cette régression spectaculaire n'a pas amené de changement dans la prise en charge de la prévention. Ainsi, la disparition de la poliomyélite en

Europe de l'Ouest aurait dû amener un changement stratégique bien antérieur à celui qui vient d'être fait avec l'abandon du vaccin par voie orale, qui représente un danger disproportionné par rapport aux risques. À l'inverse, il existe des maladies, extrêmement fréquentes, pour lesquelles il existe des vaccins efficaces qui ne sont pas utilisés en France, malgré leur impact en termes de santé et de mortalité. Trois exemples sont très significatifs : celui de la grippe chez les enfants, celui des gastro-entérites à rotavirus et celui de la varicelle. Il s'agit de trois maladies qui atteindront pratiquement tous les enfants, entraînant de fait des millions de cas. Ces infections seront souvent bénignes chez l'enfant, mais comme pour toutes les maladies, il existe un très large spectre de gravité, et une proportion non négligeable sera mortelle. Il est vraisemblable, compte tenu des données disponibles, qu'une soixantaine d'enfants meurent d'une de ces trois maladies en France annuellement, soit 600 sur dix ans. Cela est à mettre en parallèle avec la communication autour des huit patients très immunodéprimés morts de la rougeole en dix ans en France, et qui montre que l'émotion, encore une fois, est complètement déconnectée du risque réel. Par ailleurs, non seulement ces maladies tuent des enfants qui étaient jusque-là en bonne santé, mais les enfants sont également les vecteurs de ces maladies chez les adultes, en particulier ceux dont les défenses immunitaires sont diminuées, qui risquent eux aussi d'en mourir.

Le poids économique et le poids sur la mortalité de ces trois maladies ont une importance considérablement plus grande que celle de la poliomyélite ou de la rougeole dans notre situation actuelle. Cela ne signifie pas qu'il ne faut pas être vigilant pour la rougeole, mais cela signifie que les priorités en termes de santé publique, en France, ici et maintenant, sont plus du côté de ces maladies extrêmement fréquentes, contre lesquelles les enfants qui entrent en collectivité devraient être vaccinés, comme c'est le cas en Angleterre ou aux États-Unis depuis bien longtemps pour certaines d'entre elles.

Vacciner qui et pourquoi ?

La Cour des comptes a publié en février 2018 un rapport sur la politique vaccinale en France. Ce rapport montre que les deux taux de vaccination pour lesquels il y a un retard français de couverture sociale sont largement en train de se compenser naturellement, en particulier le taux de couverture pour l'hépatite B est arrivé en 2016 à

88 %. Il était devenu le plus bas des pays développés à la suite de la fausse alerte d'un lien avec la sclérose en plaques. Par ailleurs la deuxième injection de vaccin contre la rougeole atteint maintenant près de 80 % et progresse régulièrement. Il faut noter que lorsque ce vaccin a commencé à être prescrit nous pensions qu'une seule injection suffisait, et il n'est pas étonnant que le passage dans les mœurs de la nécessité d'une seconde injection ait pris un certain temps. Pour les autres vaccins de l'enfance, il n'y a pas de différence significative entre la France et les autres pays. En revanche, ce que la Cour des comptes note, c'est une défiance grandissante à l'égard des vaccins qui ne s'est pas encore traduite par un refus significatif de couverture vaccinale (laquelle au contraire augmente). Dans ce contexte il serait intéressant de voir les conséquences qu'aura l'obligation vaccinale sur la méfiance des Français, qui est plus importante ici que dans les autres pays analysés. L'urgence qui a déclenché le passage de la recommandation à l'obligation vaccinale est très modeste, aucun cas de poliomyélite ni de diphtérie depuis des décennies, un décès par rougeole et un par tétanos par an. Une couverture vaccinale efficace contre la méningite à *Haemophilus* l'a fait disparaître (j'ai été en 1992 à l'origine du dossier de son remboursement). Concernant le

méningocoque C, il tue en moyenne un nourrisson par an, son taux de couverture s'améliore depuis sa recommandation récente et il ne cause que 30 % des méningites à méningocoques. L'hépatite B aiguë en métropole est diagnostiquée dans 100 à 150 cas par an, et cela traduit peut-être 800 cas d'infection, dont la plupart sont inapparents et dont 5 % développeront un jour une pathologie chronique du foie. L'émotion concernant les vaccins a été liée à l'épidémie de rougeole en 2010-2011 importée de Roumanie par les gens du voyage, mais cette maladie touche actuellement 200 à 300 personnes par an. Il est très important que tous les personnels de soin et tous les étudiants en santé vérifient leur taux d'anticorps. Il faut vacciner et revacciner ceux qui n'en ont pas, car nous avons pu constater en 2010 que 30 % des diagnostics d'absence d'anticorps étaient portés chez des personnels de soin, qui s'avèrent 18 fois plus exposés que les autres.

Il n'est pas de mon propos de proposer de ne pas appliquer la loi sur l'obligation vaccinale, même si elle est très contestée dans les meilleurs journaux scientifiques du monde (*Science* et *Nature*), mais de réfléchir sur l'usage de ces vaccins. Parmi les épidémies qui ravagent la France tous les ans et qui sont susceptibles d'être maîtrisées par un vaccin comme dans d'autres pays développés figure en premier lieu la grippe (plusieurs millions de cas annuels, 20 000 morts estimés pour la saison 2016-2017). Elle est véhiculée d'abord par les enfants jeunes, très réactifs au vaccin, et tue majoritairement les sujets de plus de 75 ans, peu réactifs au vaccin. La prévention devrait répondre logiquement par une vaccination annuelle généralisée dès l'âge de 6 mois, recommandée aux États-Unis et en Angleterre mais pas en France, et par la vaccination obligatoire du personnel de soin et d'EHPAD, ce que préconise la Cour des comptes. La deuxième vaccination à faire est celle contre la varicelle, qui affecte 700 000 personnes par an et fait le nid du zona. Elle tue aussi beaucoup plus d'enfants que la rougeole. Recommandée depuis dix ans aux États-Unis, la vaccination contre la varicelle a fait régresser celle-ci de façon spectaculaire. La troisième épidémie concernée est la gastro-entérite, majoritairement due à deux groupes de virus : les norovirus et les rotavirus. Il existe un vaccin (non recommandé en France, non remboursé) contre le rotavirus, qui cause environ 200 000 infections par an, tue plus que la rougeole et dont la recommandation vaccinale dans les pays développés a permis de diviser par trois le nombre de gastro-entérites hospitalisées. Enfin, concernant le cancer, quatre cancers causant plus de 6 500 cas par an chez les hommes et les femmes (ceux du col de l'utérus, de la gorge chez l'homme, de l'anus et du pénis) sont dus aux papillomavirus. Le taux de vaccination français est très bas et, jusqu'en 2021, il était réservé aux femmes !

Je suis préoccupé par la prise de mesures extrêmes telles que l'obligation vaccinale qui déplace la prescription du médecin vers l'État pour des maladies déjà bien contrôlées, sans se préoccuper de maladies dont chacun au quotidien voit les ravages. Peu d'États l'ont adoptée sans exception religieuse ou philosophique, l'incitation en Australie passant même par la rémunération des vaccinés ! La reconnaissance par le Conseil d'État du lien entre la vaccination contre l'hépatite B et une maladie musculaire, ou de la Cour européenne de justice d'un possible lien entre la sclérose en plaques et l'hépatite B, montre qu'à l'ère de la post-vérité nos certitudes scientifiques sont fragiles. Je crois qu'il vaut mieux, en matière de vaccination, convaincre (comme le suggère la Cour des comptes) que contraindre, ce qui risque d'avoir un effet paradoxal. Enfin, pour rétablir la confiance dans les vaccins, il faut proposer une stratégie vaccinale pour les maladies courantes dont on voit l'efficacité. L'adhésion à la stratégie vaccinale nationale nécessite que le bénéfice en soit visible pour au moins une partie des vaccins.

Ce que l'épidémie du COVID-19 a révélé

Alors que beaucoup des réflexions de cet ouvrage ont été écrites les années précédentes, la violence de la réaction à l'épidémie de COVID-19 est venue révéler plusieurs éléments qui étaient en genèse. Tout d'abord, une partie de la dématérialisation de la médecine. Pour la première fois, il a été recommandé aux malades de ne pas voir de médecin et de s'automédiquer au Doliprane. Cela témoigne de la baisse régulière, depuis 1974, de la formation de médecins dans notre pays. Le manque crucial de médecins associé à une baisse importante du temps de travail fait que la médecine de proximité disparaît. Nombre de villages n'ont plus de médecin et cela n'est compensé, avec de grandes difficultés, que par l'importation massive de médecins alors que nombre d'étudiants ont été refoulés, malgré des notes exceptionnelles, pour leur désir de pratiquer la médecine. Le contrôle de la formation médicale équivalent à celui des grandes écoles, qui est une folie française, semble n'avoir pris fin qu'avec la disparition du *numerus clausus*.

La visite à domicile a disparu, et, dans l'affolement lié au COVID-19, la visite chez le médecin a disparu aussi. Il ne restait plus aux patients qu'à attendre à la maison de voir la maladie s'aggraver jusqu'au moment où ils appelaient pour aller dans des urgences débordées. Par ailleurs, l'illusion du miracle thérapeutique a poursuivi son œuvre. Dans une situation d'affolement, il a été promis des solutions miracles sans s'atteler au métier même des médecins, qui est d'examiner les malades, d'organiser les soins courants, de s'assurer plus tôt que leurs patients n'avaient pas de complications et d'utiliser les médicaments qu'ils avaient à leur disposition. L'interdiction d'usage de médicaments qui avaient fait la preuve de leur innocuité depuis des décennies a été un des sommets de la médecine dématérialisée.

Ainsi, la médecine a rejoint le monde digital, déconnectée de l'observation tangible, et de ce fait, elle est devenue un objet politique et un objet de querelle sans fin qui ressemble d'une certaine manière à l'affaire Dreyfus, avec une déconnexion entre la gravité du sujet (comparée à la Shoah) et la violence des discussions intrafamiliales. D'une manière intéressante, la plupart des partis politiques ont complètement échappé au débat. Si le débat chez les Français a pris une ampleur dont je ne connais pas de précédent, il est vraiment étonnant de voir qu'il n'a pas eu d'écho significatif au niveau politique. Il semble que la santé soit devenue le premier objet de religion et de pouvoir, entraînant les mêmes querelles, et restaurant le pouvoir d'un État dont la légitimité des mesures coercitives avait disparu avec la disparition et la maîtrise de la violence. Ce phénomène avait très bien été décrit par Michel Foucault : l'acquisition du pouvoir médical par l'État vient chasser un des pouvoirs parallèles et incontrôlés de la société. Ainsi, il enlève aux médecins le droit de choisir leur traitement, enlève le droit de traiter s'ils n'obéissent pas à des injonctions et enlève le droit de décider qui doit être vacciné et qui ne doit pas l'être. Cela bien entendu se traduit par une simplification extrême dans les prises de position des uns et des autres, et ne pas approuver totalement la politique gouvernementale revient à être étiqueté antivax, c'est-à-dire en pratique hérétique. L'hérésie par rapport à l'orthodoxie du pouvoir se trouve maintenant dans le monde de la santé. La position d'ailleurs politique, comme celle des médias les plus traditionnels, relève des techniques de la propagande, avec la répétition permanente, les mêmes simplifications, la punition de ceux qui ont un avis divergent, le refus de reconnaître les différentes erreurs du passé et la tentative d'échapper au contre-pouvoir institutionnel. La dramatisation à outrance a aggravé la situation, qui, gérée dans le calme, aurait eu une mortalité moins importante. D'une manière spectaculaire, ce sont les pays les plus développés qui ont observé la mortalité la plus importante, avec au premier rang les États-Unis et l'Angleterre qui étaient devenus les maîtres à penser. Ce phénomène est en partie dû à l'effet de propagande associant successivement la terrorisation des populations, la promesse de médicaments miracles qui ont débouché sur des milliards d'euros ou de dollars de rentabilité et sur une chasse, là aussi, à tout avis divergent : j'en sais quelque chose.

En pratique, la leçon extraordinaire du COVID-19 montre l'importance qu'à prise le simulacre dans nos sociétés, la répétition jour et nuit qu'un enfant était mort du COVID-19 ou était en réanimation, quand les statistiques montreront ultérieurement qu'en 2020 et en 2021, la mortalité des enfants a été la plus basse des dix dernières années et que ce sont les sujets de plus de 65 ans mais surtout de plus de 85 ans (60 % des morts en Suède) qui ont été les victimes du COVID-19. En revanche, les capacités d'adaptation du pays à une crise de cette nature – création de nouveaux moyens de réanimation allégée, organisation des soins – se sont révélées dans une ville comme Paris absolument désastreuses pendant la première période de l'épidémie. Le recours aux prophètes comme dans les situations de catastrophe des temps anciens pour prédire l'évolution d'une maladie imprévisible et qui a différé de tous les types d'épidémies connues à ce jour confirme la terrible évolution vers le monde de Philipe Dick (*Simulacres*), de moins en moins connecté avec la réalité observable.

Le vaccin contre le COVID-19

Le vaccin contre le COVID-19 s'est développé dans des circonstances de dramatisation extrême. Cela a amené à sauter par-dessus toutes les mesures de précaution et de prudence qui avaient été observées et recommandées pour les vaccins. En effet, quand il s'agit de vacciner des gens bien portants et d'en vacciner des millions, un minimum de prudence s'impose. Certains pays ont préféré, telle la Chine, utiliser des vaccins traditionnels, c'est-à-dire des cultures de virus, qui sont ensuite inactivés, comme pour le vaccin contre la grippe. Ces vaccins n'ont pas été acceptés en France. D'autres ont réalisé des vaccins nouveaux qui n'avaient été que pas ou peu testés, utilisant l'ADN sur des adénovirus ou l'ARN. Ces deux types de vaccins sont spécifiques d'une protéine, la SPIKE, qui est critique dans l'infection virale. L'évaluation de ces vaccins s'est faite au moment où circulaient un certain nombre de variants et non pas ceux qui circuleront ultérieurement, et chez un nombre limité de personnes pour évaluer les effets négatifs. Dans ces conditions, les effets rares mais graves ne peuvent pas être testés, et cela signifie que nous sommes toujours dans une situation de recherche où des effets indésirables inconnus peuvent être observés. Cela a encore fait l'objet d'un débat d'une violence extraordinaire entre les partisans de l'efficacité absolue, ceux de l'inefficacité totale, ceux de l'innocuité totale et ceux qui rapportaient des effets secondaires. En pratique, il est difficile de dire que ces vaccins ont une efficacité absolue, les trois pays qui se sont le plus rapidement précipités sur la vaccination générale, l'Angleterre, l'Islande et l'Israël, ont tous vu, en fin de campagne de vaccination, une épidémie considérable, parfois plus importante que les épidémies précédentes, due au nouveau variant d'origine indienne, appelé variant Delta. Il apparaît que la protection des différents vaccins soit, pour ce que nous avons observé et pour ce qui a été rapporté sur les études sur la population, de l'ordre de 60 à 70 % en fonction des vaccins pour l'infection.

Chez les patients infectés, il apparaît que vraisemblablement, il existe 50 % de formes moins graves qu'en l'absence de vaccin dans les populations à risque. En pratique, les vaccins ont un intérêt mais ne représentent absolument pas une baguette magique permettant d'arrêter l'épidémie ou de préserver entièrement ceux qui seront vaccinés. Au fil du temps, d'ailleurs, des quatre vaccins recommandés initialement, trois ne le sont plus (Astrazeneca, Jansen et Moderna) du fait des effets secondaires qui ont pu être observés au fur et à mesure, en particulier chez les sujets jeunes (vaisseaux bouchés, atteintes cardiaques). Par ailleurs, les vaccins ont montré, par rapport à ce qui avait été prévu, une perte rapide de leur efficacité. En pratique après six mois. Cela a débouché sur des questions concernant une troisième injection qui peut être justifiée pour les patients les plus à risque, et sur une vaccination des enfants pour empêcher la circulation du virus. Toutefois, cette situation mérite une réflexion prolongée car cette fois-ci le mur des certitudes est très lézardé. Les pays sont résolument hostiles, tels que c'est écrit dans un très long papier du *Lancet*, à la troisième injection, en dehors des sujets risquant de mourir de cette maladie, et certains sont très hostiles à la vaccination chez les enfants, chez qui la maladie est exceptionnelle et bénigne pour l'instant. Rien n'empêche d'espérer un vaccin à venir plus efficace basé sur les protéines ou sur des virus inactivés et ayant une durée plus importante, mais cela sera très difficile si l'on tient compte de l'expérience de la vaccination contre le Coronavirus chez les poules où vingt ans de travail n'ont pas réussi à obtenir une vaccination à effet très prolongé ou d'une très grande efficacité.

« IL Y A DE PLUS EN PLUS DE MORTS ! » MAIS ON VIT DE PLUS EN PLUS LONGTEMPS ![20]

Entre 2005 et 2015, la mortalité mondiale a augmenté de 4,1 % (de 53,6 à 57,8 millions de morts). De quoi s'inquiéter ? Non, vu que la population augmente aussi : elle est passée de 2,5 milliards en 1950, à 7,5 milliards en 2016, soit une multiplication par trois. Mathématiquement, le nombre de morts ne cessera donc pas de grossir. Mais les causes de ces morts varient. Celles sur lesquelles nous pouvons efficacement agir vont diminuer en nombre absolu. Et c'est le cas de la plupart des infections, à commencer par les trois grands tueurs que sont la tuberculose (1,3 à 1,1 million de victimes par an), le sida et le paludisme, auxquels s'ajoutent les infections respiratoires (2,8 à 2,7 millions de morts) et les infections diarrhéiques, qui emportent chaque année 1,3 à 1,6 million de personnes. Ainsi, la plupart des maladies infectieuses sont en diminution globale d'environ 20 %.

20. 23 avril 2017 – Publié par Olivia Recasens

Le risque en fonction de l'âge

Oui, mais les cancers augmentent, nous dit-on ! Tous les jours, on nous explique que nous mourrons de plus en plus du cancer à cause de la pollution, des produits chimiques, des OGM, des poussières, des radiations, de la malbouffe, du réchauffement de la planète et de toutes les activités humaines en général. En pratique, c'est vrai, le nombre de morts par cancer est passé en dix ans de 34,8 à 39,8 millions (soit + 14 %). Pourquoi ? Parce que nous ne sommes pas immortels ! On meurt souvent d'un cancer quand on vieillit, or on vit de plus en plus longtemps, donc on devient de plus en plus vieux ! D'ailleurs, si l'on corrige le risque en fonction de l'âge, le constat change du tout au tout : il y a de moins en moins de cancers qui se déclarent tôt, la diminution est de 10 %. En pratique, tous les cancers reculent, qu'il s'agisse des cancers hématologiques, du mélanome, du cancer du sein ou de la thyroïde. On note au passage que, malgré la perpétuation d'une communication alarmiste sur le nuage de Tchernobyl, l'augmentation des cancers de la thyroïde prédite en France ne s'est jamais produite. Quant aux affections cardiovasculaires, le chiffre non pondéré montre une augmentation de 12,5 % (15,9 à 17,9 millions) alors qu'en réalité, on observe une diminution de 15,6 % par tranche d'âge. De même pour les affections neurologiques, à l'exception toutefois de la mortalité par maladie de Parkinson.

Les vraies maladies émergentes

Ce qui augmente par contre d'une manière très significative, c'est la mortalité par utilisation de drogues légales ou illégales : + 31 %. Parmi les maladies émergentes, celles qui pèsent sur la mortalité sont la dengue (12000 à 18000 victimes), tandis que la fièvre d'Ebola a fait 5000 morts sur la seule année 2015. Et bien sûr l'épidémie de COVID-19 est un problème nouveau, de nature chaotique... Alors, certes, nous mourrons tous un jour, mais nous mourrons plus tard, et de maladies dues à la dégénérescence ; toutefois même ces maladies régressent et nous frappent de plus en plus tardivement. Il n'y a donc pas de scandale sanitaire mondial ou d'émergence significative de maladies liées à l'Homme. Au contraire, la civilisation et la mondialisation ont fait régresser de manière spectaculaire la mortalité, permettant ainsi aux hommes et aux femmes de vivre plus longtemps, mais des phénomènes imprévus, comme les épidémies, reviennent souvent.

L'ÉVOLUTION DE LA MORTALITÉ ET DES CAUSES DE MORT DANS LE MONDE FAIT MENTIR LES CATASTROPHISTES

La surveillance de la mortalité mondiale est réalisée et analysée, tous les ans, dans un numéro spécial du *Lancet*[21]. Si vous voulez être en phase avec l'information journalistique, il ne faut pas le lire, car vous serez vraiment déconcerté. En effet, rapportées à l'âge, toutes les causes de mortalité régressent. Il y a eu, en 2016, 55 millions de morts dans le monde, mais rapporté à l'âge, ce chiffre témoigne d'un vrai changement : entre 2006 et 2016, la mortalité a baissé de 23 %. C'est considérable.

Tous les domaines sensibles sont en régression, d'une manière plus ou moins importante. Sida et tuberculose, qui étaient « les grands tueurs », ont diminué de 45 %. Les diarrhées, les infections respiratoires et les autres infections aiguës ont régressé d'une manière spectaculaire de 38 % (grâce aux antibiotiques et à l'assainissement de l'eau). Les maladies tropicales ont régressé de

21. Volume 390, n° 10100, 16 septembre 2017, pp : 1151-1210.

30 %, en particulier le paludisme, même si l'on observe une augmentation relative de la mortalité par la dengue. Les infections maternelles et néonatales ont régressé (entre 20 et 30 %). La malnutrition a diminué de près de 30 %. La mortalité liée aux autres maladies infectieuses (hépatites, maladies sexuellement transmises) a aussi diminué de près de 27 %. Les cancers, par tranche d'âge, ont diminué, en dix ans, de près de 11 %, et cela concerne absolument tous les cancers dans le monde. Le seul cancer qui présente une augmentation (de 1 %) est celui des ganglions. Les affections cardiovasculaires ont régressé de 16 %, les infections respiratoires de 22 %, les cirrhoses de 13 %, les affections digestives de 18 %, les infections neurologiques de 3 %, avec seulement une augmentation des démences et de l'Alzheimer de 0,1 % ! Les morts par maladies mentales et abus de substances ont toutes diminué, sauf pour la boulimie, dont la mortalité a augmenté de près de 6 % ! Les autres maladies chroniques ont aussi vu leur mortalité baisser de près de 5 %. Les accidents de la route ont diminué de 17 % dans le monde, les traumatismes involontaires ont diminué de 22 %, y compris les expositions environnementales à la chaleur ou au froid. Globalement, la mortalité par exposition aux forces de la nature a diminué de 56 %, et enfin

les violences interpersonnelles (meurtres) ont diminué de 16 % ; la seule exception réside dans les conflits et le terrorisme, qui ont, eux, augmenté pendant cette période de 124 %, du fait de la guerre en Syrie.

Au total, à l'inverse de toutes les prescriptions dramatisantes véhiculées par tous les instituts, par la presse et les réseaux sociaux, l'espérance de vie ne cesse d'augmenter dans le monde. Toutes les causes de mortalité diminuent plus ou moins rapidement, y compris les cancers et les maladies infectieuses, et le seul danger qui a augmenté au cours de dix dernières années est celui lié à la guerre et au terrorisme. Mais rien n'y fera, c'est le paradoxe de Tocqueville : « Plus ça va, moins ça va. » L'espérance de vie augmente dans le monde, mais il y a un plafond que nous ne pourrons pas dépasser, et que nous avons peut-être déjà atteint dans les pays riches.

Cela dit, il n'est pas question de nous endormir sur nos lauriers : il y a encore d'immenses progrès à faire en médecine et en science pour améliorer la santé des êtres humains.

– TROISIÈME PARTIE –

POLITIQUE ET GESTION MÉDICALE ET SCIENTIFIQUE : À REVOIR DANS TOUS LES DOMAINES

BESOIN D'UN MÉDECIN D'AUTORITÉ AUPRÈS DU PRÉSIDENT DE LA RÉPUBLIQUE

J'ai déjà évoqué ce sujet dans un précédent livre[22], mais comme rien n'a été fait et que cela devient urgent, je me dois d'insister.

Les crises sanitaires, vraies ou fausses, se multiplient et on a l'impression qu'elles sont ingérables, même lorsque, a posteriori, on voit ce que l'on devait faire. Aux États-Unis, il existe un « *Surgeon General* » qui est nommé par le Président, validé par les élus, et qui n'est pas directement en charge de gestion ni de politique scientifique mais des questions sanitaires, en s'appuyant en particulier sur l'Académie nationale des sciences. C'est lui qui a lancé la guerre contre le tabac en 1964, puis contre le tabagisme passif, puis pour l'usage des préservatifs, lui qui a permis de développer la recherche sur les maladies émergentes, et ce sont ses recommandations vaccinales qui font référence. À l'inverse, en France, les ministres de la Santé sont soumis au feu permanent des médias, et sont l'objet de débats politiques parfois violents, sur l'équilibre de la Sécurité sociale,

22. Didier Raoult, *Mieux vaut prévenir que guérir*, Éditions Michel Lafon, 2017.

les hôpitaux, les conflits avec le monde médical, ce qui plombe les missions de santé publique. Quelques exemples : pour le vaccin contre l'hépatite B, la décision prise par le ministre (l'arrêt de la vaccination dans les écoles) a entraîné une explosion de peurs et de revendications dont le temps a fait bon ménage. Jean-François Mattei, en pleine période de canicule, avec un ministère en vacances, a été rassuré par la Direction générale de la santé disant que ce n'était qu'affaire de médias et n'a pas réagi de façon adéquate. La bouffée d'excitation autour de la maladie de Lyme chronique non diagnostiquée a fait l'objet d'une communication se concentrant sur cette hypothèse, soulevée de manière récurrente depuis vingt ans, sans arguments supplémentaires, et a négligé les aspects les plus fondamentaux de l'analyse du métabolisme cérébral au cours des pathologiques chroniques sans lésion identifiée. L'histoire du Levothyrox est semblable à ce que tous les médecins voient lors du remplacement d'un médicament habituel par un générique ; cela nécessitait une pédagogie simple, hors du feu médiatique, expliquant que les médicaments génériques sont souvent associés à des manifestations subjectives, mais que le risque objectif est facilement évaluable par une simple prise de sang. Il en sera de même pour la question des vaccins – dont je ne pense pas qu'elle puisse se trancher d'une manière simple –, pour lesquels il faut donner des recommandations crédibles. La décision d'interdire en public le vapotage fait partie typiquement de mesures qui ne sont pas des mesures de santé publique mais des mesures idéologiques ; car il apparaît qu'entre 1,2 et 6 millions de personnes peuvent être sauvées grâce au remplacement de la cigarette par le vapotage (en particulier sans nicotine). Il faut qu'il y ait auprès du président de la République l'équivalent du *Surgeon General*, un médecin d'expérience prenant le temps de répondre après avoir consulté lui-même les académies, les partenaires européens, américains et du monde entier, afin de donner une réponse appropriée, rapide et calme. Ces crises sanitaires et les crises sociales nécessitent, compte tenu de l'amplification formidable des réseaux sociaux, une personne dédiée à leur gestion. Dans l'état actuel d'angoisse de la population sur les pesticides, les OGM, le bisphénol, le fait d'avoir une personnalité de poids qui fasse la part de ce qui est démontré et ce qui ne l'est pas, de ce qui est possible, de ce qui est prévisible, devient indispensable.

LE RETOUR DE JEAN BAUDRILLARD EN MÉDECINE

Jean Baudrillard, dans *Simulacres et Simulation*[23], prédisait que la circulation virale de l'information digitalisée finirait par remplacer la réalité, et nous y sommes. Dans mon métier, il me suffit de consulter Google Actualités santé pour constater la déconnexion complète de l'information de la réalité que je connais. Ainsi, parmi les causes de mortalité évitables, l'une des premières est l'infection digestive par une bactérie appelée *Clostridium difficile*, qui cause pourtant plus de 2 000 morts par an en France, plus de 20 000 aux États-Unis et plus de 20 000 en Europe. La prévention de cette maladie consisterait essentiellement à s'abstenir de prescrire certains antibiotiques chez les sujets de plus de 65 ans, ce qui suffirait probablement à diminuer par deux la mortalité. Qui en parle ? Personne ou presque. Concernant les maladies de l'enfant, une espèce d'obsession médiatique amène à rapporter chaque cas de rougeole observé dans notre pays (entre 300 et 400 par an, à part en 2010 et 2011, avec un mort

23. Éditions Galilée, 1981.

par an en moyenne) et à ne pas diffuser d'information spécifique pour la varicelle, alors que l'on compte 700 000 cas par an, 30 morts chez les enfants, et peut-être 50 morts par zona consécutif chez les adultes. La mortalité liée à la grippe est mal connue chez les enfants, mais avec les atteintes cérébrales, les morts subites et les morts associées à l'aspirine – plus que par la rougeole ou le chikungunya –, cela représente des centaines de milliers d'infections chez l'enfant, pour lesquelles aucune stratégie vaccinale n'a été mise en place. Les rotavirus, inconnus de beaucoup, causent plus de 200 000 cas par an de gastro-entérites et sont à l'origine d'au moins 30 % de leurs hospitalisations. Là encore, il existe pourtant un vaccin efficace. Ainsi, la déconnexion entre les sujets virtuels et la réalité est en train de se creuser. Nous ne sommes pas dans la post-vérité, mais dans l'« a-vérité » ou hyperréalité (pour Baudrillard), c'est-à-dire une déconnexion totale de l'information et du réel qui va s'aggraver. Il ne s'agit pas de fausses informations (*fake news*) mais d'informations non hiérarchisées qui entraînent des choix politiques répondant à une émotion connectée au monde digital et non au monde réel.

INFORMATION MÉDICALE ET EFFET NOCEBO

L'effet nocebo, dont nous avons déjà parlé ici, a été décrit en 1961 en miroir à l'effet placebo. L'effet placebo a une action bénéfique qui n'est pas due à la composition chimique mais à la suggestion, et l'effet nocebo a une action négative. Ces effets liés à la suggestion sont aussi en partie liés à une réponse du type réflexe de Pavlov[24]. Quand on donne un faux médicament ressemblant à un médicament qui a déjà eu un effet, il peut reproduire cet effet, même quand on est conscient qu'il ne s'agit pas d'un médicament actif !

Concernant l'effet nocebo, la volonté d'offrir aux patients une information aussi complète que possible a amené à dresser une liste de tous les effets indésirables éventuels observés dans l'histoire de l'humanité. Résultat : les notices associées aux médicaments sont extrêmement longues, et se révèlent anxiogènes pour les gens qui les lisent. Heureusement, la longueur grandissante de ces notices décourage la plupart des patients de les lire. Mais en plus de cet effet anxiogène, cette information a un effet nocebo. C'est-à-dire

24. Prix Nobel 1904.

que les patients souffrent de ce qu'on leur a présenté comme un « effet indésirable ». Un article récent a fait le point sur un des effets nocebo les plus spectaculaires de ces dernières années : les douleurs musculaires dues à la consommation de statines. Ces médicaments sont extrêmement prescrits, d'abord pour lutter contre le cholestérol, en réalité pour lutter contre les complications de l'athérosclérose. Ils préviennent aussi les infarctus du myocarde, les accidents vasculaires cérébraux, et ont donc un effet thérapeutique important. Mais ils ont été l'objet de rumeurs diverses, selon lesquelles ils provoquaient des douleurs musculaires. Alors bien sûr, dans une étude récente parue dans *The Lancet*, le nombre de patients se plaignant de douleurs musculaires après la prise de ces médicaments s'est révélé extrêmement important. Mais ce travail vient de montrer qu'en réalité, si on donnait des pilules ayant le même aspect mais ne contenant pas de statine avec le même niveau d'information, la réaction était la même. D'une manière originale, cela a aussi montré que le médecin lui-même avait une influence sur cet effet nocebo. En effet, quand l'étude était faite alors que le médecin savait qu'il prescrivait une statine, les patients avaient plus tendance à ressentir des douleurs musculaires que lorsque les médecins, lors de l'expérience, ne savaient pas qu'ils prescrivaient une statine. Ainsi, non seulement l'information générale et la notice placée dans les boîtes de médicaments entraînent un effet nocebo avec des douleurs musculaires importantes dont l'origine est simplement suggestive, mais la perception qu'a le médecin du risque de douleur musculaire, et qu'il doit sans doute induire, joue aussi un rôle. Il faut être prudent avec l'information. L'information négative a des effets négatifs sur la santé. Nous nous poserons dans quelques années la question du rôle des annonces négatives quotidiennes relayées, en particulier sur internet, sur la santé réelle et sur l'effet négatif que cela aura joué dans la société.

LES CHANGEMENTS NOUS STRESSENT : L'EXEMPLE DES MÉDICAMENTS GÉNÉRIQUES

Les changements sont un facteur de stress naturel et la méfiance qu'ils inspirent s'explique. En effet, dans un environnement que l'on connaît (ou croit connaître) les risques sont à peu près mesurés, mais un élément nouveau compromet cet équilibre et entraîne des risques nouveaux. Ceux-ci sont encore plus redoutés dans les situations où la vie est supportable. Ainsi en médecine voit-on une pétition circuler pour conserver l'ancienne forme du Levothyrox sans phénomène objectif justifiant cette crainte, ainsi les médicaments génériques identiques chimiquement aux médicaments initiaux mais pas semblables d'aspect nous perturbent-ils. Dans mon domaine, les nouvelles maladies rarissimes font plus peur que celles qui tuent beaucoup mais sont anciennes. Ainsi, notre nature est hostile aux changements, sauf chez les plus défavorisés. À notre époque d'évolution rapide et de changements considérables, cela explique que les peuples les plus optimistes soient les plus pauvres (les habitants du Bengale) et les plus pessimistes les plus riches, dont les Français.

HOMÉOPATHIE : LES MOINS SCIENTIFIQUES NE SONT PAS CEUX QUE L'ON CROIT

Au sortir du XIXe siècle, la médecine a basé ses stratégies thérapeutiques sur des approches physiques et chimiques, et son interprétation des pathologies sur des critères de lésions visibles. Cela a amené à distinguer les « vraies maladies », où un effet lésionnel était identifié, des maladies sans lésion évidente (avec les moyens de l'époque), d'origine plus ou moins subjective et classées comme psychiatriques (ainsi la psychiatrie a-t-elle été séparée de la neurologie après la Seconde Guerre mondiale), fonctionnelles ou factices. À partir de ces éléments, on a considéré qu'il existait de vrais médicaments chimiquement définis, efficaces, et des thérapeutiques sans effet « réel », parmi lesquelles l'ensemble des médecines alternatives, dont l'homéopathie. La manière dont a été définie ce qui était une médecine efficace a été l'évaluation de l'effet placebo. L'effet placebo, nous l'avons déjà dit, est l'action positive pour le patient en dépit de l'absence de composés chimiques actifs, et l'homéopathie n'a pas montré d'activité supérieure à celle d'un placebo. Ces dernières décennies ont vu un déni de l'effet placebo, qui a probablement été l'un des traitements médicaux les plus employés. Associé à la volonté de transparence, cela amène à renoncer à traiter, malgré l'absence de danger, avec des produits sans activité chimique.

Le monde est en train de changer au XXIe siècle et l'on peut, dans un certain nombre de cas, identifier des maladies purement psychiatriques du fait d'anomalies métaboliques dans le cerveau. On peut aussi évaluer l'effet d'un placebo sur ce métabolisme. Ainsi, certains placebos permettent d'améliorer d'une manière très significative les symptômes du patient (y compris dans des maladies lésionnelles comme la maladie de Parkinson). Il en est de même de l'inverse de l'effet placebo, l'effet nocebo, qui comporte des symptômes négatifs en réponse à un traitement, une piqûre ou un examen radiologique. L'effet nocebo se décompose en deux éléments majeurs : l'un est lié à l'angoisse (dont le foyer métabolique se trouve à l'avant du cerveau), l'autre est associé aux douleurs. Un travail très récent dans le journal *Nature* a montré que ce dernier était lié à une communication entre notre cortex et notre moelle épinière. Il est notable que l'on peut lutter contre l'effet nocebo avant les examens traumatisants, par la sophrologie par exemple, ou par la conviction donnée au patient que ce qu'il vit n'est pas grave. Nous sommes dans une nouvelle querelle des anciens et des modernes. Les modernes d'aujourd'hui ne sont pas ceux d'hier, ils ont compris que les maladies subjectives avaient un substrat métabolique qui jusqu'à présent nous échappait. Cette révolution de la psychiatrie radiologique va enfin pouvoir permettre de répondre à des questions, en particulier de savoir si le recours à des molécules actives chimiquement (comme les antibiotiques dans des maladies mal étiquetées) est nécessaire ou pas, quel est leur site de fonctionnement, et d'évaluer leur qualité. Dans ce contexte, négliger l'importance et l'efficacité des médicaments inoffensifs, soulageant les patients, peut-être du fait de leur effet placebo, est une erreur.

LA PUDEUR ET L'EXAMEN MÉDICAL[25]

L'examen médical a évolué d'une manière significative au cours du temps. Ainsi, les textes anciens, avant le XIXe siècle, ne rapportaient que très peu les examens de la peau et les malades étaient examinés habillés. Après le XIXe siècle, une ambiance scientiste s'est développée, et progressivement à partir de cette époque, le corps est désacralisé. Au début de ma pratique médicale, nous examinions les patients entièrement dévêtus, nous touchions les organes génitaux pour savoir s'il n'y avait pas de pathologies liées à ceux-ci, nous faisions des touchers rectaux pour chercher des anomalies de la prostate, des douleurs, des tumeurs, nous palpions les seins pour y détecter les cancers, les patients se déshabillaient entièrement, tout cela apparaissait naturel. Petit à petit, probablement sous le double effet d'une re-sacralisation du corps (ou d'une sexualisation du dénudage), associée à la multiplication des examens biologiques et radiologiques, permettant de faire des diagnostics sans examiner profondément les malades, cela a disparu. L'examen gynécologique, pour

25. 18 juin 2017 – Le Point.fr

sa part, a surtout été pratiqué à partir de la fin du XIXe siècle. Encore au départ se faisait-il debout et sur une femme habillée. À cette époque, les femmes préféraient être examinées par des femmes. Actuellement, les malades sont peu déshabillés, ou ne le sont plus du tout, et les organes génitaux ne sont pratiquement examinés que par des spécialistes. Cela est associé à des modifications des mœurs avec une forme de retour de la pudeur et du puritanisme, ou du refus de montrer son sexe au sexe opposé. Ainsi, chez certaines musulmanes, l'acceptabilité d'un examen nu ou d'un examen gynécologique par un homme est de moins en moins grande, comme d'ailleurs chez un certain nombre de femmes non musulmanes (et éventuellement féministes), qui demandent que leur corps ne soit examiné que par d'autres femmes ; cela témoigne d'une restauration de la sacralisation du sexe. Il est possible d'ailleurs que l'inclinaison actuelle des mœurs en général dans les rapports hommes-femmes ou dans les rapports à connotation sexuelle fasse partie d'une vaste évolution cyclique, avec re-sacralisation des rapports sexuels qui avait en partie disparu d'une part, et d'autre part la révolution sexuelle qui a suivi la contraception et s'accompagnait d'un dénudage généralisé (naturisme, retrait des soutiens-gorge sur la plage), ainsi que d'une nouvelle liberté de mœurs. Tous ces éléments réunis nous ont fait inaugurer une nouvelle ère dans le domaine des mœurs qui touche tous les comportements sociaux, y compris en médecine.

DE LA SUGGESTION EN MÉDECINE[26]

Dans le monde médical, les modes changent. Au début de mes études, la mode était au « tout psychologique ». Beaucoup de maladies étaient dites psychosomatiques. Et maintenant tout doit trouver une explication ou une thérapeutique définie chimiquement, biologiquement ou physiquement. Cela amène à négliger d'une manière déraisonnable l'importance du psychisme dans la pathologie et dans ses conséquences. Celle-ci peut être particulièrement bien évaluée en étudiant les effets placebo (quand un traitement dépourvu d'activité connue a un effet bénéfique) et nocebo (quand un traitement a un effet négatif). Dans ces situations il est clair que la façon de donner compte autant que ce que l'on donne. Cela peut maintenant être mesuré d'une manière tout à fait scientifique. Une conférence donnée récemment dans mon institut par le spécialiste mondial du champ l'explique d'une manière limpide[27]. On peut mesurer pratiquement l'influence du médicament lui-même et l'influence qu'a la manière de

26. 9 juin 2017 – Le Point.fr

27. Fabrizio BENEDETTI, *Placebo and Nocebo Effects*. 22 mai 2017, https://www.youtube.com/watch?v=6RsxbW02EQ8

le donner. Par exemple, la suggestion joue un rôle extrêmement important dans la prise en charge de la douleur. En effet, après une injection quotidienne de morphine pendant cinq jours, l'injection d'eau, le sixième jour, produit exactement le même effet car le patient attend le même soulagement. Les placebos ont un effet sur la raideur articulaire, y compris celle d'une maladie tout à fait organique comme Parkinson. Enfin, l'effet des placebos est à peu près comparable au bout d'un mois de traitement à celui des somnifères, des antidépresseurs et des antidouleurs donnés pour des douleurs banales. À l'opposé, les médecins qui sont contre la vaccination, s'ils sont amenés à vacciner, déclencheront plus d'effets nocebo que ceux qui pensent que la vaccination est parfaitement inoffensive et utile ! Ainsi, on peut induire des douleurs en mettant les gens en garde contre un risque comme on peut induire des angoisses. Cela explique probablement en partie l'état de nerfs de la population. Les sites internet rapportent un nombre de causes de nouvelles angoisses quotidiennes (qui ne recevront jamais de confirmation) qui finissent par être assez effarantes. Tout ce que l'on peut espérer comme contre-pouvoir est qu'un jour les sites colportant ces mensonges soient attaqués pour « propagation de fausses nouvelles » ou pour « préjudice d'angoisse », comme cela a déjà été formalisé pour le préjudice d'angoisse de l'amiante. En effet, la puissance de la communication autour de l'amiante a laissé penser que des gens qui avaient eu des contacts virtuels avec l'amiante risquaient des cancers du poumon, et ceux-ci ont attendu pendant des décennies avec terreur la survenue d'un cancer qui n'est jamais arrivé. En pratique, il ne faut pas oublier que la médecine a précédé de très longtemps la science, et que la suggestion et la qualité de la prise en charge jouent toujours un rôle extrêmement important ; il ne faut pas entrer dans l'escalade de produits chimiques addictifs pour rassurer une population affolée par une information sans contrôle qui nous promet la mort dix fois par jour, ou l'extinction de la planète !

HÔPITAUX : LES PICC LINE, LA TECHNOLOGIE ÉMERGENTE QUI TUE[28]

Les maladies infectieuses sont des maladies d'écosystème. Nous sommes exposés à un environnement dont les micro-organismes font partie. Certains peuvent devenir plus particulièrement pathogènes pour l'Homme et déclencher des épidémies, voire des pandémies (épidémies mondiales). D'autres microbes vivent dans notre environnement, on les appelle des commensaux (terme dérivé du latin qui signifie qu'ils « mangent à notre table »). Parmi ceux-là, certains sont susceptibles de provoquer des infections, parfois mortelles, si on leur en donne l'occasion ; ce sont les germes opportunistes.

La première cause de mort par infection en France est l'infection hospitalière, due souvent à la mise en place de cathéters dans les veines ou dans la vessie. On estime qu'entre 10 000 et 20 000 personnes en meurent par an[29]. Tout changement dans notre environnement et toute nouvelle technologie nous exposent à des risques

28. 27 avril 2017 – Le Point.fr

29. Dr Philippe Garnier, *Infections nosocomiales et trou de la Sécu*, 2013, Éditions L'Harmattan.

inconnus et imprévisibles. C'est la raison pour laquelle les maladies émergentes suscitent des angoisses, souvent disproportionnées car non confirmées. Il est difficile, une fois l'alerte lancée sur un événement nouveau, d'arrêter la formidable machine administrativo-gouvernementale.

En termes de maladies émergentes, la plus spectaculaire est celle liée aux PICC Line. Ces dispositifs intraveineux, posés par les radiologues, permettent de perfuser et de prélever du sang sans s'ennuyer à piquer les veines quotidiennement, mais ouvrent la route aux infections. Au départ, ils furent utilisés pour permettre des chimiothérapies au long cours pour les cancers. Ils ont fini par être généralisés et utilisés au lieu de piquer d'une manière régulière. Au CHU de Marseille, on pose plus de 2000 PICC Line par an. Ceux-ci malheureusement sont souvent mis sans ordonnance médicale ni justification écrite. Et ils sont souvent oubliés ou mal entretenus. Sur les six dernières années nous avons donc pu constater que plus de 4 % de ces dispositifs étaient à l'origine de septicémies. Et les septicémies hospitalières tuent dans 15 % des cas en moyenne. Cela signifie que lorsque l'on pose un PICC Line il y a presque 1 % de risques que le patient en meure ! Il faut donc mesurer le bénéfice qu'en tire le malade. S'il s'agit d'une chimiothérapie pour un cancer qui a

80 % de risques de le tuer, le bénéfice est évident. Dans la plupart des autres cas, cela devrait se discuter et en pratique faire l'objet d'une prescription par au moins deux médecins différents pour justifier cette agressivité qui est encore négligée ; il faut aussi programmer son retrait dès le départ et ne pas l'oublier ! La prescription de PICC Line est censée être là pour aider les malades et non pour les tuer. Actuellement, si vous devez avoir peur d'une maladie émergente, le PICC Line est le meilleur candidat. Avant d'accepter que l'on vous pose un PICC Line, faites-vous expliquer pourquoi il faut qu'on vous fasse prendre un tel risque et demandez quand on vous le retirera.

QUI VEUT TUER L'IHU DE MARSEILLE ET LES IHU EN GÉNÉRAL ?

L'Institut hospitalier universitaire (IHU) de Marseille, Fondation Méditerranée Infection, qui a évolué à partir de la Fondation Infectiopôle Sud, a permis de réunir d'une manière unique en France des partenaires qui, jusqu'à présent, n'avaient pas trouvé le moyen de conjuguer leurs efforts. Cela va des quatre CHU du littoral méditerranéen, Montpellier, Nîmes, Nice et Marseille, à des universités des mêmes villes, avec deux partenaires majeurs, l'IRD (Institut de recherche sur le développement), installé à Marseille, et le Service de santé des armées, qui trouve ici l'occasion de ramener les forces installées autrefois au Pharo. Ceux-ci étaient associés à de nombreux partenaires avec comme fondateur la Fondation et l'Institut Mérieux.

L'Assistance publique de Marseille y a trouvé la possibilité de développer des activités uniques avec la première filière en maladies infectieuses en France. Au bout de cinq ans, l'installation dans un bâtiment entièrement fonctionnel et réussi de 27 000 mètres carrés à un prix défiant toute concurrence, avec une production scientifique et un rayonnement international exceptionnels, a permis, après évaluation par un conseil scientifique international, puis le déplacement du même conseil scientifique international, et après la visite de trois ministres du précédent quinquennat, de faire une évaluation extrêmement positive du rayonnement scientifique, de la formation des plus jeunes et de l'innovation totale qui règnent dans ce bâtiment. Les services sont ouverts, les lits sont remplis, ce pôle d'excellence rapporte plus d'argent qu'il n'en coûte, et la création de huit nouvelles start-up permet de prévoir un enrichissement à terme pour la France.

La réussite tellement éclatante des IHU avait justifié chez le président Hollande une mission auprès de l'inspection des hôpitaux et de l'Éducation nationale pour trouver comment pérenniser le système. Cette mission a été réalisée ; le bilan, très positif, fait une centaine de pages et propose des solutions très pragmatiques pour pérenniser ce système. Alors quel est le problème si les choses marchent bien, si les dépenses sont contrôlées, les résultats exceptionnels, et si cela a permis la création d'un regroupement fonctionnel et efficace ?

Le problème est que le précédent directeur de l'INSERM, époux de la ministre de la Santé, était strictement opposé aux IHU, ainsi qu'il l'a notifié à la fois aux inspections et au jury international, et était prêt à les détruire, ou au moins à empêcher la construction de nouveaux établissements de ce genre, malgré la faiblesse actuelle de la recherche biomédicale française, qui se trouve à la 27e place en nombre de publications dans ce domaine par habitant.

C'est cette haine profonde des IHU, et en particulier de l'un de ceux qui ont le mieux réussi, celui de Marseille, qui a déclenché dans ce dernier une série d'événements tout à fait disproportionnés. Entre 7 et 10 personnes sur les 770 qui vivent dans l'IHU de Marseille ont écrit une lettre anonyme qui a provoqué une tempête, avec la visite de quatre comités hygiène et sécurité – 16 personnes, soit le double du nombre de ceux qui se plaignaient –, qui ont fini par faire des recommandations anodines. Ajoutez à cela une visite des inspecteurs de l'Éducation nationale. Enfin, à cette occasion a été révélée une possible histoire de harcèlement sexuel concernant une seule personne et qui n'a pas de raison, sauf dans un amalgame inimaginable, de remettre en cause la présence et la vie de tous les gens dans l'IHU. Par ailleurs, l'adhésion à la direction actuelle de l'IHU a été manifestée bruyamment par une pétition de 276 personnes vivant ou ayant vécu dans l'unité de recherche majeure de l'IHU (URMITE), et lors des élections du conseil de laboratoire, où

100 % des élus se sont déclarés en faveur de la direction et de la gestion actuelle, qui a recueilli plus de 90 % des voix. Jusqu'à quand 7 ou 8 personnes en désaccord avec l'organisation de l'IHU pourront-elles continuer à y rester pour y nuire, et à solliciter les plus hautes autorités de ce pays, qui répondent d'une manière incompréhensible ? Cela n'est pas raisonnable car, étant fonctionnaires, elles peuvent demander leur mutation dans une autre unité dans le contexte du nouveau contrat qui est entré en vigueur au 1er janvier 2021.

IHU : EFFICACITÉ ET GOUVERNANCE

Les IHU ont été créés sous la présidence de Nicolas Sarkozy, et maintenus par le président Hollande avec une stratégie particulière qui consiste, pour échapper aux rigidités administratives et aux difficultés de gestion des énormes entreprises, à créer des fondations de recherche permettant de donner l'autonomie à un leader et de lui permettre ainsi de créer un nouveau pôle. Cette stratégie a donné des résultats au-delà de toute espérance, en particulier en région, et a permis la réalisation de bâtiments d'une immense modernité et une production scientifique en général assez extraordinaire, avec, en six ans, plus de 12 000 articles scientifiques, 123 recommandations médicales qui ont été reprises sur le plan international, plus de 1 200 thèses de sciences encadrées, avec le dépôt de 183 brevets (pour lesquels on sait que la France a un certain retard). Vingt-huit start-up ont été créées, 25 000 médecins ou scientifiques étrangers ont été formés, et ce financement a permis de lever 91 millions d'euros de financement industriel, 86 millions d'euros de donations et 191 millions d'euros de cofinancement de recherche. C'est un résultat spectaculaire, et le jury international, comme la mission dépêchée par le président Hollande réalisée en 2016, donnait une évaluation dithyrambique de ce résultat.

Dans ces conditions, le communiqué des ministères de la Santé (Mme Buzin) et de l'Enseignement supérieur (Mme Vidal) concernant les fondations de recherche permettant de donner de l'autonomie à ceux qui les animent était troublant. En effet, personne ne conteste la qualité remarquable des résultats, mais on conteste la gouvernance. Dans mon expérience, la gouvernance est l'équivalent de la rage chez le chien. Quand on veut tuer un projet, on dit qu'il est très bien mais que la gouvernance n'est pas ce qu'il faudrait ; ce qui est un énorme paradoxe, parce que si la gouvernance n'était pas fonctionnelle, le résultat ne pourrait pas être là. Il n'y a pas d'explication rationnelle à cette affirmation, sauf que c'est un faux truisme. D'ailleurs, il est intéressant de constater que ces fondations de recherche étant de nature privée, quand elles dysfonctionnent, par définition, elles sont en faillite et s'arrêtent. En revanche, les institutions de référence qui gèrent la recherche médicale de près ou de loin dans ce pays sont régulièrement victimes d'erreurs majeures de gestion, que l'État est obligé de réparer en catastrophe. En 1994, le CNRS avait accumulé 1 milliard de francs de dettes que son nouveau président a dû convaincre l'État de rembourser. Il a donc passé trois ans de son mandat à ne s'occuper que de renflouer les fonds du CNRS !

Quand je suis devenu président d'université, toutes les universités avaient un problème majeur avec l'État car elles demandaient le remboursement de crédits d'impôts sur la TVA qu'elles n'avaient jamais payée ! Là encore, la situation était devenue inextricable et l'État a fini par rembourser de la TVA qu'il n'avait jamais collectée. Au cours de la fusion de nos trois universités à Marseille, une des universités avait un déficit de 40 millions d'euros que les deux autres ont dû compenser. Concernant les hôpitaux, ce sont des milliards d'euros de dettes qui se sont accumulés dans les CHU. Enfin, à l'INSERM, les directions ne se sont pas rendu compte qu'elles avaient fait travailler certains collaborateurs en CDD pendant plus de six ans et qu'elles étaient obligées de les titulariser car, étant une institution unique, chaque laboratoire pouvait recruter pendant deux ans quelqu'un en CDD, sauf que l'unique employeur, l'INSERM, ne respectait plus la loi.

Dans ces conditions, affirmer que le problème vient de la gouvernance des fondations de recherche est risible. Elles qui, étant soumises aux règles du droit privé, n'ont aucune possibilité de dériver : elles ont un commissaire aux comptes, une obligation de compte sincère, une impossibilité de cumuler des dettes... Cela laisse rêveur sur la gouvernance substitutive qui pourrait se mettre en place.

En réalité, c'est l'effet de la réussite spectaculaire des IHU qui fait que certaines institutions voudraient en récupérer le bénéfice. En pratique, de mon point de vue, l'idée de créer une fondation autour d'un leader et de regarder en cinq à dix ans si cela est capable de se stabiliser avant de transformer cette fondation en un institut autonome du type centre anticancéreux, comme en a créé de Gaulle au sortir de la Seconde Guerre mondiale, paraît la seule chance raisonnable de redonner à la France la place en recherche médicale qu'elle mérite.

LA RECHERCHE MÉDICALE FRANÇAISE A BESOIN D'UNE RESTRUCTURATION D'URGENCE

L'évaluation de la recherche française, depuis bien trop longtemps, est liée à des évaluations subjectives faites par des commissions multiples composées de syndicalistes et de chercheurs ayant le temps de se déplacer d'unité en unité, alors que le monde entier est révolutionné par l'analyse de la production scientifique sur les banques de données.

Grâce aux banques de données, on peut estimer le nombre de publications et leur importance par le nombre de citations. Parmi ces banques de données se trouve PubMed, qui est accessible à tout le monde sur internet, et où l'on peut, avec un peu d'habitude, mesurer la production de la France et de chacun de ses scientifiques. Cette évaluation est particulièrement sévère, puisque la production scientifique de la France est maintenant la 8e au monde (elle est passée derrière la Chine, le Canada et l'Italie récemment) et que, rapportée à sa population, elle est la 27e.

Sur la qualité des chercheurs, une autre source, aussi accessible par internet, est la liste des Highly Cited Researchers qui, tous les ans, classe les

3000 chercheurs ayant eu des papiers très cités dans le monde, et cela couvre le XXIe siècle. Là non plus, la France n'a pas une très bonne performance puisqu'elle est 17e mondiale (rapporté à la population). On note en revanche une performance absolument remarquable en Hollande, Suisse, Islande, dans les pays du nord de l'Europe et en Grande-Bretagne.

Une autre approche de la recherche médicale, aussi entièrement disponible par internet, était publiée par Labtimes, qui analyse 35 champs scientifiques biologiques et médicaux en Europe avec les 30 chercheurs cités par domaine. La France, qui représente 13 % de la population de l'Union européenne, ne produit que 6 % des 1050 chercheurs répertoriés dans ces 35 banques de données. L'unique rayon de lumière dans cette analyse est que le seul chercheur à être trois fois premier dans un champ vit en France : il s'agit d'un chercheur de l'Institut Gustave-Roussy, premier en biologie cellulaire, cancérologie et immunologie.

Enfin Google Citations répertorie les chercheurs ayant le plus grand nombre de citations. La vraie source d'augmentation de la recherche médicale significative provient des 6 instituts hospitalo-universitaires (IHU), qui depuis leur création ont produit 12210 publications en cinq ans. Ces banques de données sont extrêmement simples à utiliser, et bien sûr tous les gens qui n'ont pas une très bonne production scientifique sont contre les analyses objectives de ces données. Ce sont les mêmes sources qui servent au classement des universités de Shanghai (auquel est associée la présence de prix Nobel) dans les universités testées, et où la France a une performance moyenne. L'incapacité de l'Europe, et de la France en particulier, à produire un classement qualitatif de ses établissements en dit long. Au total, la recherche médicale dans notre pays nécessite des efforts beaucoup plus importants, non pas dirigés par des commissions évaluant de place en place la qualité des unités de recherche selon des critères en grande partie subjectifs, mais basés sur des analyses utilisant les banques de données, ce qui permet de localiser les acteurs les plus dynamiques et de les aider. Il faut laisser les établissements opérer le regroupement de leurs forces localement. Par ailleurs, il est temps de financer les universités avec des crédits spécifiquement liés à la performance, comme c'est le cas pour les universités anglaises et la plupart des universités du monde, avec un financement de recherche basé sur la production scientifique. Cela amènera les présidents d'université à accorder une importance particulière à cette production scientifique, alors que la source actuelle de leur financement est basée presque exclusivement sur les étudiants. De la même manière, il devient nécessaire que la Cour des comptes s'intéresse au financement affecté sur résultat aux hôpitaux concernant le domaine de la recherche, et que celui-ci ne soit pas susceptible d'être dilué dans le fonctionnement général de ces hôpitaux, si souvent déficitaire. Il n'y a pas actuellement de véritable stratégie pour la recherche médicale en France, et cette absence a des conséquences immédiates mais aussi, et surtout, à moyen et long terme, car la recherche est la mère de l'innovation et de la qualité des soins.

« LA RÉPUBLIQUE N'A PAS BESOIN DE SAVANTS ! »

Tels furent les propos du révolutionnaire Jean-Baptiste Coffinhal[30] quand, pendant la Terreur en 1794, il autorisa l'exécution de Lavoisier, le plus grand chimiste du siècle et un des pères des théories de l'évolution.

Cette haine du succès et de la gloire est depuis dans l'ADN de la République, qui a aussi exécuté pendant la Terreur son plus grand poète, André Chénier. Le maître de l'État de droit, Condorcet, fut pour sa part emprisonné et mourut en prison en 1794. Ce désir du meurtre des élites ressurgit régulièrement. Ainsi de nos jours, Philippe Lazar, directeur de l'INSERM, n'a pas eu honte de refuser de labelliser l'équipe de recherche du professeur Dausset, alors seul prix Nobel de médecine en exercice, ni de refuser de s'associer au centre de recherche que celui-ci créa grâce au Généthon et qui révolutionna la génétique humaine. L'institut Pasteur se débarrassa

30. Révolutionnaire proche de Robespierre, Jean-Baptiste Coffinhal est, au cœur de la Révolution française, membre du conseil de la Commune et du Tribunal révolutionnaire. Il meurt guillotiné en 1794.

aussitôt que possible du Pr Montagnier quand il eut 65 ans, avant de l'afficher dans sa gloire quand il eut reçu le prix Nobel. Il n'y a qu'en France que les chercheurs (à part les professeurs) sont mis à la retraite à 65 ans, quelles que soient leurs compétences. Et, en 2017, la proportion de Français parmi les 3000 chercheurs d'excellence du XXIe siècle au niveau mondial (http://stateofinnovation.com/) était faible : nous sommes 8es (quatre fois moins qu'en Grande-Bretagne, deux fois moins qu'en Allemagne), et 18es si l'on met le nombre de ces chercheurs en rapport avec celui de la population du pays (1,4 par million d'habitants) ; ils ne sont pas mieux payés que les médiocres, et l'État ne les protège pas contre les jaloux et les envieux dont le nombre augmente en proportion de leur succès. Et si nos stars s'expatrient, c'est qu'elles n'acceptent plus de travailler en France pour un salaire si modeste et une influence de l'État priorisant la compatibilité avec les exigences sociales (comprenez les syndicats) plutôt qu'avec les résultats. Il n'y a pas de démocratie dans la recherche ni dans l'art. Si l'État ne protège pas les créatifs, il signe la fin de sa civilisation.

RENONCER AU DOUTE, C'EST RENONCER À LA SCIENCE[31]

Une question importante en science est celle de l'autocritique. Probablement en réaction à l'adhésion aux idéologies marxistes des intellectuels français pendant la première partie du XXe siècle, la seconde partie de ce siècle s'est illustrée par la remise en cause systématique des dogmes. Celle-ci est parfois excessive mais elle permet de clarifier ce qui est stable et ce qui est dépassé dans les théories scientifiques.

Toutes les théories scientifiques sont mortelles ; le devoir des scientifiques est de continuer à manier le doute et la critique, mais cela nécessite un investissement permanent. Il est beaucoup plus difficile d'être dans le doute lorsque l'on est soumis à la pression simplificatrice et normalisatrice de la communication et de la politique. La remise en cause des dogmes dominants ne doit pas aboutir, comme dans les études de genre, à créer un nouveau dogme. Sur le plan social, il est plus dangereux à moyen et long terme d'avoir des discours simplificateurs, sachant qu'ils sont faux,

31. 27 juin 2017 – Publié par Olivia Recasens

que de tenter de nuancer les grandes théories de l'instant car la désillusion entraîne une perte de crédibilité. Et cela peut s'appliquer à l'ensemble des théories scientifiques. La volonté de les imposer entraîne une résistance de plus en plus importante. Ainsi, transformer le vaccin en choix idéologique, ériger le réchauffement de la planète en dogme ou faire de la théorie darwinienne une religion intouchable ne fait que déclencher en retour des oppositions obstinées. Celles-ci ne sont plus basées sur une analyse critique mais sur le refus brutal d'une théorie devenue une idéologie et donc perçue comme totalitaire. J'ai en tête l'exemple d'un scientifique qui a commencé par une approche scientifique, anthropologique, d'observation de la genèse des faits scientifiques, puis a opéré un tournant à 180 degrés en reniant toute approche critique, au motif qu'elle empêcherait selon lui une action politique ! Ainsi, quand un scientifique perd le goût du doute et de la critique, il entre dans un domaine qui n'est plus la science mais celui de la religion ou de la politique. Heureusement, notre époque voit émerger une génération de scientifiques redevenus sceptiques et le champ scientifique le plus actif est celui de la vérification des articles. Et c'est ainsi que plus de la moitié des articles de biologie publiés dans des revues de très haut niveau se sont avérés non reproductibles ; or la reproductibilité d'une expérience est un indice essentiel de qualité pour une recherche. De nouveaux médias apparaissent, qui rendent publiques toutes les expériences, qu'elles aillent ou non avec le résultat attendu. Et une nouvelle analyse des meilleurs articles d'économie a fait l'objet dans la revue *Science* d'une publication désenchantée, montrant leur instabilité et les grossières erreurs qu'ils contenaient[32]. Le doute est consubstantiel à la science. Pour les credos, il y a les religions.

32. *Evaluating replicability of laboratory experiments in economics*, Science, 2016.

LA BIBLIOMÉTRIE, MESURE INDISPENSABLE DE LA PRODUCTION SCIENTIFIQUE

J'ai découvert il y a trente ans aux États-Unis la quantification de la production scientifique. J'y ai constaté, effaré, que les scientifiques qui dirigeaient la biologie et la microbiologie (conseiller ministériel de l'époque) ne publiaient plus depuis des années mais regardaient nos publications avec mépris. J'ai importé cet outil d'abord à la faculté de médecine de Marseille puis à la recherche médicale au ministère de la Recherche. Président d'université, j'ai été le premier à en acquérir la version informatisée. J'ai convaincu Claude Griscelli de l'implanter dans l'INSERM et nous avons insisté pour qu'on en fasse la base de la rétribution des hôpitaux pour la recherche.

La bibliométrie accessible sur internet permet la détection des escrocs qui trichent sur leur curriculum vitae. Ce fut le cas d'un professeur de microbiologie, consulté régulièrement au ministère, qui affichait des attitudes de sphinx de la recherche. Le classement de Shanghai[33] est basé

33. Depuis 2009, le classement de Shanghai désigne les mille meilleures universités au monde selon des critères objectifs, comme le nombre de publications des enseignants

aussi sur des données objectives qui irritent les pays les plus mal classés. La bibliométrie a des défauts, elle est imparfaite, mais elle est nécessaire ; devenue universelle, elle est très utilisée par les pays émergents et surtout critiquée par ceux qui ne publient pas… Mais pour paraphraser Rabelais, science sans publication est la ruine d'un pays.

---

ou les prix Nobel et médailles Fields remportés par les élèves et les enseignants.

LES SYNDICATS ET LA RECHERCHE

La France est le seul pays au monde où les syndicats ont la charge d'évaluer la recherche ! La création des unités de recherche est évaluée par des comités : un comité national, l'HCERES, et en fonction des structures de recherche en cause, le comité national du CNRS ou les commissions de l'INSERM. Ces commissions sont composées pour partie de chercheurs nommés et pour partie de chercheurs élus nationalement, dits représentatifs des différentes catégories de travailleurs employés dans les unités : chercheurs, ingénieurs, techniciens et adjoints techniques ou administratifs. Mais seuls les syndicats ont des élus. En effet, localement, les membres des syndicats sont des individus que l'on sélectionne, mais aucun n'a une notoriété nationale suffisante pour être élu sans être sur une liste syndicale. Seuls les syndicats seront présents, malgré une très faible proportion de personnels des unités syndiqués. Ceux-ci vont peser dans l'évaluation scientifique, qui cessera d'être purement scientifique pour traduire des phénomènes extrascientifiques. Ainsi, Jean-Laurent Casanova, l'un des tout meilleurs chercheurs français actuellement, exilé aux États-Unis, a reçu récemment le prix INSERM et a expliqué que sa demande d'unité INSERM (alors que personne ne conteste son brio) avait été classée dernière par la commission, mais rattrapée par le président-directeur général de l'INSERM, Claude Griscelli, son ex-patron ! Un des dix plus brillants chercheurs du pays classé dernier par une commission ! Il est à noter que des événements de même nature avaient été observés aux États-Unis il y a maintenant une vingtaine d'années, à propos de l'affectation des moyens pour la lutte contre le sida. Une analyse rapide des évaluateurs et des évalués lors d'un classement contesté avait rapidement montré qu'ils ne jouaient absolument pas dans la même catégorie : un tiers des évaluateurs (comme chez nous) n'avait publié aucun article scientifique récemment ; en revanche, les évalués avaient des productions scientifiques exceptionnelles. D'ailleurs, le plus productif de tous avait été rattrapé à la treizième place, alors que douze seulement auraient dû être retenus. À la suite de ce scandale, les épreuves de titre des évaluateurs ont été elles-mêmes évaluées, de façon à ce que la règle en science qui veut qu'on soit évalué par ses pairs (ses égaux) soit respectée ; donc que ceux qui évaluent aient un niveau comparable aux évalués. Sinon, beaucoup d'évaluateurs ont une incapacité fonctionnelle à admettre que la production scientifique des meilleurs est supérieure à la leur, et cela les irrite plus que cela ne les éblouit. En pratique, les commissions mixtes avec des représentants élus du personnel sont essentielles pour le déroulement des carrières, comme les commissions paritaires de l'université. Mais pour évaluer la recherche, il faut demander à des gens qui pratiquent la recherche au niveau de ceux qu'on leur demande d'évaluer, quitte à faire appel à des jurys internationaux.

L'ÉVALUATION DE LA RECHERCHE : À REVOIR

La France est pénalisée par un défaut d'évaluation de sa production scientifique et de sa productivité, et cela peut se vérifier aussi bien au niveau des coûts que des résultats.

Au niveau des coûts, les financements obtenus représentent, la plupart du temps, le coût marginal de l'opération scientifique, c'est-à-dire l'argent dépensé en dehors des frais usuels. Pour évaluer le coût réel d'une unité de recherche, il est important de comptabiliser le coût théorique du loyer des locaux occupés, le coût de fonctionnement (dit « coût d'infrastructure ») – qui comprend gardiennage, eau, électricité, sécurité –, puis le coût des équipements – avec un amortissement généralement calculé sur cinq ans –, le coût des différents personnels, et enfin, le coût financier de fonctionnement. Usuellement, le coût marginal dépasse rarement 10 à 15 % du coût réel. L'absence d'évaluation du coût réel est un authentique problème, en particulier lorsqu'il est question d'affectation des locaux, qui représente une part importante des coûts, ou d'affectation de personnels. Il serait donc extrêmement utile, au moment des contractualisations des unités de recherche, d'avoir le coût dit « consolidé » de l'ensemble des coûts générés par cette activité de recherche.

En regard, les bénéfices liés à la recherche se quantifient d'une manière différente en fonction de l'orientation scientifique des chercheurs. Dans les sciences de la vie, cela peut être quantifié en termes de publications, de brevets, éventuellement de retours de brevet (leur commercialisation, bien que cela soit extrêmement rare), et éventuellement en emplois directs ou secondaires, permis par l'acquisition de moyens supplémentaires et non pas par les moyens affectés directement.

Enfin, le troisième travail dans les unités de recherche est la formation des étudiants en recherche, en master 2 et en thèse, qui permettent de générer des jeunes gens ayant une tête bien faite. La qualité des thèses peut aussi parfaitement s'évaluer sur les mêmes critères. Ainsi, on peut évaluer non seulement la production des unités, mais aussi leur productivité ; on peut très bien évaluer le coût moyen d'une publication, d'un brevet ou d'une thèse dans un laboratoire, et cela doit amener à réfléchir sur l'affectation de moyens. Il est préférable pour le pays d'affecter des moyens supplémentaires aux équipes ayant une productivité satisfaisante plutôt qu'à celles qui passent leur temps dans des réseaux pour obtenir des financements ou des postes qui ne sont pas justifiés par leur contribution à la connaissance. L'évaluation de la production scientifique peut être faite de différentes manières. Celle réalisée par le ministère de la Santé est probablement l'une des plus performantes : elle qualifie les publications en fonction de leur champ thématique, où leur impact varie beaucoup d'un domaine à l'autre, et les points seront accordés en fonction de la place de l'auteur. Si un auteur peut se retrouver régulièrement dans des études multicentriques au milieu de trente autres, la valeur de sa contribution comparée à celle d'un auteur associé avec deux autres chercheurs dans un journal d'impact bien plus faible est beaucoup plus importante en réalité. Toutefois, pour arriver à avoir une évaluation réellement fonctionnelle de notre recherche et permettre d'avoir une productivité satisfaisante en France – alors que, actuellement, comparée à l'Angleterre ou aux États-Unis, à la Hollande ou à la Suisse, elle est franchement insuffisante –, il faudra bien admettre qu'il existe des critères objectifs d'évaluation. Or cela déplaît beaucoup à certains, en particulier à ceux qui ont les moins bons critères objectifs – et, partant, ont le plus de disponibilité pour évaluer les autres, parmi lesquels se trouvent ceux qui ont les meilleurs critères objectifs ! Et malheureusement en France, c'est le cas de la plupart des responsables de la recherche médicale. Ce qui d'ailleurs est contraire à tout le principe scientifique qui est – je le répète – que l'on doit être évalué par des pairs, c'est-à-dire des gens qui ont le même niveau que vous, quand on parle de science. Cela traduit l'immaturité d'une partie de l'évaluation scientifique sur laquelle, sans travail de fond, la France n'arrivera plus à retrouver un rang digne de sa population et de son investissement dans la production scientifique lisible et analysée actuellement par tout le monde.

RECHERCHE : LA VÉRITÉ PAR LES CHIFFRES

Lors de mon stage postdoctoral aux États-Unis en 1986, j'ai découvert l'existence du recueil des publications scientifiques alors imprimé, le *Science Citation Index*. J'eus la surprise de voir que les trois professeurs en charge du cursus de recherche en biologie et microbiologie à Marseille avaient une production scientifique indigente ; l'un, par ailleurs directeur d'une unité CNRS et conseiller au ministère, n'avait pas une publication en dix ans, mais une réputation au zénith, entretenue par une allure de sphinx. J'ai compris que dans notre pays, les faits vérifiables n'étaient pas utilisés mais que l'évolution reposait sur une réputation aux sources inconnues. En pratique les rois étaient nus ! Et nuls ! J'ai demandé plus tard à Eugene Garfield, le créateur du *Science Citation Index*, d'évaluer la recherche médicale française objectivement. Le résultat était si bas en 1991 qu'après l'avoir lu, Bernard Kouchner, alors ministre de la Santé, lança un financement spécifique pour la recherche hospitalière (le Programme hospitalier de recherche clinique).

Il y a quelques années, un professeur parisien pontifiant, présent dans toutes les commissions ministérielles, fut ainsi démasqué par PubMed. Il avait déposé un dossier de promotion, mais un jeune membre du jury avait comparé les publications de son curriculum vitae à celles de PubMed et découvert qu'il n'y en avait que la moitié qu'il avait vraiment signées ! Il ne fut pas promu, mais il n'eut jamais de sanctions. L'approche dite bibliométrique de PubMed est transparente ; les curieux peuvent consulter les publications biologiques et médicales sur internet, PubMed est gratuit, il suffit de mettre un nom pour voir sa production scientifique. Ils peuvent consulter aussi le classement des 6000 plus influents chercheurs du XXIe siècle sur internet en tapant « Highly Cited Researchers » et découvrir le classement Google en tapant Google Citations sur Google Scholar, ou sur Expertscape, pour trouver les plus connus des chercheurs dans un domaine. Ces éléments permettent de constater les différences extraordinaires de productions et de citations entre chercheurs, comme il y a des différences entre les footballeurs, entre les écrivains ou entre les musiciens. Cela devrait inspirer à notre Président l'envie de créer une prime au mérite, qui existe maintenant pour chaque excellente publication dans les pays à la recherche la plus dynamique. Notre pays a toujours une réticence à remplacer ses commissions représentatives – constituées avec des listes syndicales (qui ont leur rôle pour les promotions de carrière) – par de l'évaluation objective en ce qui concerne la recherche, et cela se traduit par une faible valorisation de la productivité.

Le classement de Shanghai des universités qui s'impose partout est majoritairement basé sur les publications, seul marqueur objectif. Un pas de plus dans le sens de l'Histoire ferait faire des économies monstrueuses, relèverait notre niveau et mettrait fin au malaise des meilleurs chercheurs que rend bien amers l'absence de reconnaissance morale et financière de leur activité. Cela se traduit souvent par un exil vers des cieux plus propices à l'excellence réelle. Il faut traiter les chercheurs comme les sportifs de haut niveau, et mesurer et récompenser leur performance.

LES SCIENTIFIQUES HARCELÉS PAR LES SPAMS : UNE ENTRAVE À LEUR PRODUCTIVITÉ

Nous sommes complètement submergés sur nos adresses internet par les spams. Le journal *Nature* rapporte une enquête réalisée qui montre que 85 % des scientifiques de *Nature* recevaient quantité de spams concernant des offres de publication dans des journaux émergents (dont l'activité essentielle est de facturer les articles qui ne sont pas réellement évalués) ou des invitations (à condition de payer) à des « congrès » touristiques. Les lecteurs de *Nature* interrogés, pour 17 % d'entre eux, rapportent qu'ils ont plus de 10 spams par semaine. Dans mon expérience, je reçois aussi plus de 50 invitations à des congrès et plus de 50 invitations à écrire des articles par semaine. Mais cela n'est pas le seul harcèlement par spam auquel nous sommes soumis. Toutes les structures de recherche d'État nous harcèlent aussi d'une manière quasi hebdomadaire pour nous interroger sur ce que nous faisons, plutôt que d'aller chercher sur les sites informatiques mondiaux disponibles. Ainsi, comme j'étais affilié à cinq tutelles, toutes demandèrent mes relations internationales, mes publications, mes thèmes de recherche, mes brevets. CNRS, IRD, INSERM, sont par ailleurs regroupés dans l'Institut national des sciences biologiques, qui repose les mêmes questions, lui-même dépendant de l'Agence nationale de la recherche, qui repose les mêmes questions. Il en est de même pour nos unités de recherche qui passent à travers un crible tous les cinq ans par l'HCERES ; l'institut que je dirige est évalué par un comité scientifique international tous les cinq ans, mais tous les ans revient le questionnaire sur ce que nous faisons, comment nous bougeons, combien nous sommes, combien nous recevons d'étudiants, d'où ils viennent, et sans arrêt le nombre de questions augmente. Le temps passé à éliminer tous les spams et à répondre (si nous le faisons) nous empêche de faire de la recherche. Nous ne pouvons pas grand-chose contre les spams, sauf à mettre en place des mécanismes anti-spams, mais il serait temps dans ce pays qu'on nous laisse travailler en mesurant la production objective sans notre aide : les publications, les brevets, le nombre des étudiants en thèse issus de nos unités de recherche, qui constituent l'essentiel de l'actualité scientifique. Ces données chiffrables, mesurables, sont susceptibles d'être obtenues directement dans un bureau à Paris comme cela se passe pour les hôpitaux et ne nécessitent pas que nous y consacrions notre temps. Par exemple, lors d'une visite récente de mon unité, l'HCERES nous a demandé, concernant 2 500 publications, de préciser nous-mêmes pour chacune d'elles qui était le premier, le deuxième, l'avant-dernier et le dernier auteur, afin de déterminer quelle était notre contribution spécifique ! Nous avons refusé, compte tenu de l'ampleur du travail, mais cela a fait l'objet d'au moins une dizaine de relances par mail, plus une relance par voie orale. Ce harcèlement administratif qui ne cesse de grandir entraîne une baisse de productivité des chercheurs qui est extrêmement délétère pour le pays.

– QUATRIÈME PARTIE –

OÙ EN EST LA GRANDEUR DE LA FRANCE ?

CHANGER LE RÉGIME OU CHANGER LES HOMMES ?[34]

L'élection présidentielle de 2017 a été un révélateur du malaise français. Un malaise qui s'aggrave.

La France, comme tous les pays occidentaux, connaît une situation favorable et meilleure que dans le passé, même si elle se révèle moins bonne que dans le reste du monde. Le déclin existe, mais de façon relative. Pour retrouver l'optimisme et l'énergie qui nous manquent, il nous faudrait déjà retrouver l'estime de nous-mêmes. Les élections, depuis longtemps, reflètent ce tâtonnement. Nous hésitons entre le retour à la grandeur de la France, une histoire fantasmée dont les thuriféraires ont paradoxalement peu de racines hexagonales, qu'il s'agisse des politiques (Nicolas Sarkozy et Manuel Valls) ou des personnalités médiatiques (Éric Zemmour et Alain Finkielkraut). Cette nostalgie laisse une impression de malaise. L'autre choix paraît être celui d'une adaptation subie aux évolutions du monde par le prisme de l'Europe.

34. 23 avril 2017 – Publié par Olivia Recasens

L'aventure française dont nous portons le deuil est héroïque, créative, offensive, pleine de bruit et de fureur. Cela explique le renvoi des ci-devant gouvernants, le goût pour le panache d'un Jean-Luc Mélenchon au programme surréaliste, l'élimination de deux ex-présidents et deux ex-Premiers ministres. Nous ne pouvons pas nous contenter d'être absents de l'Histoire. Sans la grandeur, la France peut atteindre des degrés de médiocrité considérables, comme disait... de Gaulle.

L'EXPOSITION DES ACTES DES CANDIDATS AUX DIVERSES ÉLECTIONS MONTRE NOS INCOHÉRENCES[35]

J'ai été candidat (puis élu) à la présidence de mon université en 1994. J'avais été sidéré par les rumeurs qui avaient circulé à l'époque : certains syndicats faisaient courir le bruit que, jeune, je faisais partie du groupe étudiant d'extrême droite, le GUD (de fait à cet âge j'étais plutôt anarchiste !), d'autres que j'étais alcoolique, d'autres que je battais ma femme et d'autres enfin que je cassais les portes plutôt que de les ouvrir. C'est l'expérience que font ceux qui s'exposent à une élection où tout peut être utilisé par les gens hostiles à leur programme ou leur candidature. Concernant la présidence de la République, qui se préoccupe encore des mœurs et des financements de Mitterrand, salarié pour un emploi fictif par Roger-Patrice Pelat pendant des années ? Qui se préoccupe de la villa que Raymond Barre acheta à la fin de son mandat de Premier ministre, prétendument payée grâce aux fonds secrets ? Qui considère encore comme une affaire d'État la

35. 9 février 2017 – Le Point.fr

feuille d'impôts de Jacques-Chaban Delmas ? Les diamants de Giscard ? La condamnation par le fisc de Jean-Marie Le Pen ? Ou les paiements en liquide et les frais de bouche de Chirac ? Ou les frasques sexuelles de Bill Clinton et de Dominique Strauss-Khan ? Quand ce dernier chapitre va être ouvert en France[36], là encore quelques déflagrations sont à prévoir, montrant pour certains la discordance entre les mœurs affichées et la vie réelle. La puissance des journaux dits « people » amène d'ailleurs les candidats à jouer avec leur vie privée et à exposer leur famille, ce qui aboutit à des contradictions insupportables ! Il n'y a guère, avec le temps, que l'état du pays qui nous intéresse. L'indulgence a posteriori permet de refaire une hiérarchie des qualités. L'époque actuelle est encore plus dangereuse, car la traçabilité de nos actes et de nos paroles ne peut que montrer nos incohérences, nos contradictions et notre « misérable petit tas de secrets », comme Malraux définissait l'Homme. L'exposition des secrets financiers, sexuels et comportementaux des candidats nous entraîne dans la folie. Tout le monde, comme le décrit Mucchielli[37], a commis quelque

36. Nous sommes en 2017.

37. Laurent MUCCHIELLI, *L'Invention de la violence : des peurs, des chiffres et des faits*, Éditions Fayard, 2011.

crime ou délit, a peut-être volé quelque chose, ou caché des revenus au fisc, ou travaillé au noir, ou fait travailler au noir, ou participé à une bagarre... Les candidats doivent s'attendre à être fouillés « au corps ». Que la Justice fasse son métier et que l'on impose aux condamnés un délai avant qu'ils puissent se représenter est raisonnable, mais là encore la sagesse a créé la prescription car les humains changent en vieillissant. Cette tempérance évite des résultats fâcheux. Ainsi, c'est probablement la violence du dénigrement dirigé contre Trump qui l'a aidé à être élu : la lassitude des attaques hargneuses contre l'homme a fait oublier l'incongruité de son programme que l'on découvre un peu trop tard. Ce n'est pas l'homme qu'il fallait haïr, c'est son programme qu'il fallait démonter. Hiérarchiser les qualités que l'on demande à nos représentants est le seul choix raisonnable pour une démocratie. Il devient nécessaire de cesser de vouloir que les candidats soient des hommes « normaux » ou « idéaux », qui n'existent que dans les mauvais romans.

L'ANTI-LA FONTAINE OU LES HOMMES MALADES DE LA PRESSE

La Fontaine en son temps et jugeant les mœurs de son époque a écrit une fable que les plus anciens d'entre nous ont apprise à l'école : *Les Animaux malades de la peste*.

Dans cette fable, il raconte qu'en cherchant une victime expiatoire à sacrifier et en la rendant responsable des malheurs de l'époque, on a fini par choisir l'âne à qui on n'avait pas grand-chose à reprocher. Cela inspirera l'expression « Haro sur le baudet », utilisée pour dire qu'on s'acharne sur celui qui n'a rien fait.

Mais à notre époque, tout change. Ainsi a-t-on pris l'habitude de remplacer « Selon que vous serez puissant ou misérable, les jugements de cour vous rendront blanc ou noir » par « Quand tu montes dans l'arbre, ton cul doit être propre », expression dont on connaît mal l'origine, certains la prétendant africaine. Il est vrai qu'actuellement une déferlante de dénonciations, calomnies ou autres florilèges s'abat sur ceux qui sont célèbres ou nous représentent. Chez l'un, une histoire de harcèlement sexuel putatif et prescrit, chez l'autre, une vérification fiscale, chez l'autre encore, la diffusion du fait qu'il ne paie pas ses procès-verbaux de voiture, ou encore le piège tendu d'un vêtement acheté pour pouvoir prouver qu'il recevait des avantages en nature indus. Le procès quotidien de tous les gens connus ou célèbres est ouvert. Jusqu'à un passé récent, ces médisances et calomnies n'atteignaient pas les gens exposés. Mais nous sommes dans une nouvelle ère où être soupçonné suffit pour être condamné par le tribunal populaire ; quand on a expliqué que les réseaux sociaux ne sont pas contents, on signe la démission de ceux qui sont accusés, sans besoin de plus de preuves aux yeux de celui qui lave le plus blanc. Or aucun de nous n'échappe à sa nature humaine. Malraux n'échappait pas à son « misérable tas de petits secrets ». Lui-même en savait quelque chose, qui dans sa jeunesse avait collecté des antiquités sur le site alors abandonné d'Angkor. Aucun de nous ne peut échapper à une visite fouillée de son passé, aucun d'entre nous n'est pur, et cette folie ravageuse qui s'apparente aux tribunaux révolutionnaires, comme le souligne Margaret Atwood, ne peut manquer de faire peur. Il est possible que notre volonté de sélectionner des humains purs, théoriquement sans fautes, nous amène à choisir les plus médiocres, les moins audacieux ou les plus dangereux. Il faudra bien revenir à un sentiment de la hiérarchie des priorités pour savoir ce que l'on demande en premier à quelqu'un qui occupe de hautes fonctions, sauf à négliger la raison pour laquelle on le choisit.

SCIENTIFIQUEMENT RIEN N'EST BLANC, HUMAINEMENT NON PLUS[38]

Depuis Newton, pour les scientifiques, on sait que le blanc n'est pas une couleur mais résulte de la perception à parts égales par notre rétine des trois couleurs fondamentales : rouge, bleu et jaune. Le passage à travers un prisme du blanc restitue ces différentes couleurs, et c'est ce qui est observé dans l'arc-en-ciel. En peinture, en particulier à partir du XIXe siècle, on a constaté qu'en réalité, le blanc n'existait pas, c'est la leçon de Gauguin. Ce qu'on appelle blanc va du gris clair au gris très clair avec des reflets colorés. Si vous avez la patience d'observer tout ce que l'on considère comme blanc, vous verrez que rien n'est totalement blanc, car il est très difficile d'avoir un mélange à parties exactement équivalentes des différentes couleurs. Le mythe du blanc joue toutefois un rôle extraordinairement important dans la symbolique de la pureté, dans la définition des « races » (qui n'est pas non plus raisonnable, personne n'est blanc) et ce mythe s'étend à la politique où l'on espère

38. 25 juin 2017 – Le Point.fr

que l'on va trouver des hommes enfin entièrement « blancs », dénués de défauts et d'une probité totale et permanente. Ce qui est aussi une illusion. Les humains sont ce qu'ils sont, plus ou moins gris. L'absence de hiérarchie ou de limite dans le temps concernant ce qu'on est susceptible de leur reprocher amènera à décimer ceux qui ont eu quelque responsabilité que ce soit. Et cela à une telle vitesse qu'il faudra bien revenir à la réalité. Les médias sociaux plongeant dans l'histoire entière des humains ne respectant aucune prescription ni aucune hiérarchie, et négligeant le contexte, risquent de fouiller nos vies. Pour l'instant ce sont les rapports à l'argent que l'on fouille, demain ce seront les relations sexuelles, après-demain ce seront les conflits ou les contraventions. Puis enfin nous reviendrons un jour à la réalité en laissant la Justice faire son travail, sans juger ni décider à sa place. Nous avons eu deux exemples récents d'hommes politiques qui prétendaient « laver plus blanc » et se sont érigés en moralisateurs. Ils ont constaté à leurs dépens qu'il y avait toujours plus blanc que blanc (comme disait Coluche à propos des lessives), leur posture sur le sujet les fragilisant d'une manière significative. On espère sortir rapidement de cette période de folie pour revenir à des choses sérieuses : la gestion, le travail, l'organisation de l'avenir du pays, sans se faire d'illusions excessives sur les hommes et en laissant le temps à la Justice d'évaluer s'il y a matière à condamner, si possible en évitant les nullités de procédure empêchant de juger sur le fond !

DE L'ÉGALITÉ À LA RÉALITÉ, EN POLITIQUE[39]

C'est une hypocrisie extraordinaire qui se dévoile ici. « L'égalité », valeur censée présider à nos œuvres, est incompatible avec l'économie de marché, en particulier pour les responsables politiques ! Les communistes l'avaient compris, eux qui traduisaient la puissance politique en avantages en nature, tous réservés à la « nomenklatura ». J'en ai fait l'expérience savoureuse (du caviar trois fois par jour) lors d'une mission scientifique dans l'URSS d'alors. Les comptes bancaires de tous les Russes étaient pleins, mais seule la nomenklatura pouvait dépenser son argent. Mon expérience en France, elle, se nourrit de deux exemples.

En tant que président d'université, ma prime d'activité sur l'année 1994 était de 1 000 euros (elle a beaucoup augmenté depuis, pour mes successeurs). Pour moi, par ailleurs professeur de médecine très bien payé, c'était suffisant, mais pour 90 % des autres présidents d'université, payés la moitié pour travailler soixante heures par semaine et amenés à côtoyer des riches et des puissants, c'était misérable. Pour eux comme pour l'ensemble des responsables élus ou administratifs,

39. 9 février 2017 – Publié par Olivia Recasens

cette maigre paye était donc partiellement compensée par des avantages en nature : notes de restaurant, voiture de fonction, frais de voyages.

Au lieu de rémunérer les personnes dans la fonction publique en proportion de leurs responsabilités, on a ainsi laissé s'installer hypocritement un système de compensation de ce manque à gagner par toutes sortes de moyens. La « caisse noire » de l'État, rémunérant en argent liquide ministres et cabinets, a été supprimée par Lionel Jospin, mais Claude Guéant a perpétué cette habitude devenue illégale quand il était directeur de cabinet de Nicolas Sarkozy au ministère de l'Intérieur, et il a été pour cela condamné. Cette dissimulation a aggravé les choses. Certains contournaient l'obstacle. Les chauffeurs et personnels mis à disposition avaient des activités souvent bien éloignées de leur fonction théorique ; les attachés parlementaires ont été considérés comme des avantages en nature par certains ; les missions payées par les autorités municipales, départementales, régionales ou nationales ont souvent servi de rétribution indirecte. Enfin, des associations ont bénéficié de subventions indues et complaisantes à un niveau probablement unique au monde, comme en témoignait il y a déjà vingt ans l'ancien magistrat à la Cour des comptes, spécialiste du milieu associatif, Pierre-Patrick Kaltenbach, auteur de *Associations lucratives sans but* (Denoël, 1995). Et ces pratiques aussi ont fini par être condamnées.

En fait notre passion pour l'égalité, devenue idéologie égalitaire, a entériné la rétribution dans l'ombre des responsables politiques pour conserver l'illusion qu'ils n'étaient pas bien rémunérés ! On ne peut pas moins payer le maire de Paris, de Lyon ou de Marseille que le P-DG d'une PME ou du supermarché du coin de la rue, sinon on n'aura plus que des médiocres, des idéalistes déconnectés, ou des hypocrites. La crise actuelle du « tous pourris » a ceci de positif qu'elle révèle une vérité : il est impossible de mal payer les gens qui déterminent notre destin, au risque de les voir tentés en permanence de corriger cette incohérence, par tous les moyens.

OUTRAGES : MACRON, HOLLANDE, SARKOZY... ET NOUS ET NOUS ![40]

L'outrage à agent est un délit de plus en plus commun. Il est vrai que c'est intolérable. Que ce soit dans nos hôpitaux comme dans tous les services publics, se faire insulter par des gens en colère parce qu'ils ont attendu, ou parce qu'ils sont irrités, ou parce qu'ils n'ont pas les papiers nécessaires, finit par décourager les personnels. Et que dire de la police ? Jamais il n'y a eu autant d'outrages à la force publique. L'Observatoire national de la délinquance relève ainsi une augmentation continue de ce délit concernant les policiers. Certains ont même ironisé, assurant que les outrages à agent de la force publique représentaient le treizième mois des policiers, en raison des indemnités perçues par ces derniers.

Plus sérieusement, et de manière paradoxale, alors que la tolérance diminue, notre société est de plus en plus permissive quand les victimes des outrages sont des politiques. Nos représentants politiques eux-mêmes acceptent peu ou prou d'être pris à partie, vilipendés, insultés. Maintenant

40. 4 mai 2017 – Publié par Olivia Recasens

il est possible de les injurier copieusement, de les empêcher de parler avec des concerts de casseroles, de leur jeter de la farine, des œufs. C'est désormais toléré. Nicolas Sarkozy a même eu droit à une affiche reproduisant la une de l'hebdomadaire *Marianne*, placardée un peu partout en France, qui le désignait comme le « voyou de la République », alors qu'il était le président de cette République ! Les émissions de télévision autorisent des apostrophes violentes, des agressions verbales étonnantes, des dérapages incontrôlés. Le président Hollande a été pisté par les paparazzi pour débusquer sa vie privée.

En cause : une faiblesse démagogique. Tout cela est terriblement inquiétant pour notre démocratie. D'une part parce que cela limite mécaniquement le contact des politiques avec la population, du fait du danger auquel ils s'exposent, un danger décuplé par l'absence totale de répression. On envie les pays scandinaves dans lesquels les représentants politiques peuvent encore avoir des contacts avec la foule sans se faire protéger par des rideaux de policiers, sans se faire insulter ou recevoir des projectiles. La faiblesse démagogique qui a consisté à ne pas recourir systématiquement à la Justice après des insultes, des jets d'objets, des empêchements physiques ou des outrages a été une erreur. Pourquoi est-il normal qu'un policier qui se fait traiter de « voyou » par une personne qu'il interpelle porte plainte et soit indemnisé pour outrage, et pas un président de la République que l'on traite de « voyou » sur tous les murs de France ? Beaucoup de politiques pointent du doigt le manque de respect pour l'autorité qui se développe dans la société. Il serait nécessaire qu'ils commencent par rétablir leur propre autorité, en interdisant l'outrage aux représentants de la nation quels qu'ils soient. Ils sont nos représentants et leur dignité est aussi la nôtre. Ne pas en tenir compte va accélérer la dégradation de l'image de nos élus dans la population. Respecter la représentation nationale est essentiel. Le respect est la base d'une démocratie.

CE QUE MASQUE LE DISCOURS CONTRE LES ÉLITES[41]

Tout le monde semble se mettre à courir après la Vérité (bien difficile à définir) et à dénigrer les « élites ». La définition de l'élite en 2017 était « minorité prestigieuse ». Dans nos sociétés, aujourd'hui, cela se traduit par la notoriété, la reconnaissance par l'argent et par le pouvoir. L'élite de notre société est faite des gens du spectacle, comme le pressentait Jacques Debord[42]. En haut du tableau, les sportifs, dont les mieux payés sont des footballeurs (Ronaldo : 88 millions d'euros par an, puis Messi : 81,5 millions d'euros par an). 10 % des footballeurs professionnels jouant en France dans la Ligue 1 touchent un salaire mensuel net supérieur à 700 000 euros ! Ensuite viennent les acteurs, dont les dix mieux payés en 2015 ont gagné de 700 000 euros à 1,8 million par film, sans compter l'émotion des millions d'euros payés pour un film à Dany Boon. Pour les animateurs, c'est compliqué, associant salaires, paiement à la pièce et intéressement, mais c'est bien ! Nous sommes

---

41. 6 mars 2017 – Le Point.fr

42. Jacques Debord, *La Société du spectacle*, Éditions Buchet/Chastel, 1967.

là devant l'élite de notre pays. Les plus connus, les mieux payés et parfois les plus influents (je pense à Nicolas Hulot), ils font de la publicité et des best-sellers, et ont des opinions sur tout. Les 120 P-DG des plus grosses entreprises françaises ne sont payés en moyenne que 300 000 euros par mois, mais ce sont eux qui déclenchent le plus d'irritation car ce ne sont pas eux « l'élite » !

Quant à l'élite théorique qui est stipendiée, elle est plus mal lotie. En début de carrière, un juge touche 2 600 euros mensuels, un professeur des universités et un directeur de recherche commencent à 3 000 euros, un journaliste moyen touche 3 000 à 4 000 euros, et les professeurs de lycée, maîtres de conférences des universités et chargés de recherches commencent à moins de 2 000 euros. Voilà pour « l'élite intellectuelle ». Pour « l'élite politique », c'est 15 000 euros mensuels pour le président de la République et le Premier ministre, 10 000 euros pour les ministres et 5 000 euros pour les députés. Notre société a choisi le spectacle et le divertissement, le fou du roi est plus riche et plus prestigieux que le roi ! Et l'acharnement qui se déploie sur nos représentants risque, à terme, comme le dit Fukuyama, de détourner les plus capables d'une fonction mal payée et où tous les coups sont permis, pour laisser la place aux divertisseurs. Yves Montand puis Coluche avaient senti cette évolution et avaient eu un temps la velléité de se présenter aux élections, comme Beppe Grillo, le comique italien, l'a fait.

Cela me rappelle que l'empereur Commode, qui mit fin au siècle d'or de l'Empire romain, descendit dans l'arène pour jouer au gladiateur, et que Néron se produisit comme chanteur en Italie et en Grèce, avant de mettre fin à la première dynastie de l'Empire romain. On voit maintenant des candidats aux élections organiser des meetings comme des rock stars ! Ce renversement des valeurs inquiète, à cause des modèles qu'il impose aux plus jeunes, et de sa résonance historique. En pratique, l'élite actuelle, ce sont les sportifs et les gens qui nous distraient : ils ont l'argent, la notoriété et la popularité !

NOUS MANQUONS DE HÉROS...[43]

Notre pays a une histoire mêlant l'amour des grands hommes et la jalousie, aimant à la fois les héros – au sens de Hegel – comme Napoléon, et les bourreaux des grands hommes, comme Saint-Just.

Et si le malaise de la France et sa perte de repères venaient de son manque de héros, ce qui est dû au peu d'intérêt qu'y portent les politiques et les médias ? Dans la recherche, la performance des physiciens est négligée malgré le grand nombre de Nobel parmi eux. La plus grande aventure de la physique du XXIe siècle, le projet ITER[44], n'est évoquée que pour son coût ! La réussite nucléaire française qui nous vaut d'utiliser moins de gaz, de pétrole ou de charbon, et ainsi de moins polluer, fait enrager écologistes de droite comme de gauche. Pour le reste de la recherche publique, la France manque de leaders. Plusieurs, parmi les

---

43. 27 mars 2017 – Publié par Olivia Recasens

44. Le projet ITER consiste en la conception et la construction d'un totamak (technologie qui produit de l'énergie grâce à la physique des plasmas et aux champs électromagnétiques), destiné à utiliser le processus de fusion électrogène pour produire de l'électricité à grande échelle.

meilleurs, sont partis à l'étranger du fait des freins en tout genre mis sur leur route. Ainsi, en 2017 parmi les 3 000 scientifiques les plus influents du XXIe siècle classés par Clarivate (à consulter sur highlycited.com), 69 seulement sont en France. La Suisse et la Hollande en ont autant ! Dans ce domaine, les nouveaux financements créés par le « grand emprunt » de Nicolas Sarkozy ou les « investissements d'avenir » de François Hollande ont relancé le financement du leadership avec succès. Toutefois, au nom d'une égalité qui n'a ici pas de sens, beaucoup de forces œuvrent pour redistribuer ces financements aux perdants, illustrant la formule de Victor Hugo « Les nains sapent en silence l'ouvrage des géants. » Chaque leader scientifique qui part de France est une perte de chance pour notre pays. La France a donné, grâce à la création par de Gaulle de l'université libre de Vincennes, les penseurs les plus influents du XXe siècle, et elle a obtenu le plus grand nombre de prix Nobel de littérature. Nous ne pouvons pas nous contenter aujourd'hui de la glorification des sportifs et des artistes. Il faut redonner à notre pays les moyens et la fierté de se doter de héros reconnus à l'international. Car, privés de « l'idée de la grandeur », comme le disait de Gaulle, les Français versent dans la pire des médiocrités.

... ET NOUS TRAITONS MAL LES HÉROS QUI NOUS RESTENT

Notre analyse des héros français manque, de mon point de vue, d'une analyse culturelle des racines de notre civilisation. *L'Iliade* décrit d'une certaine manière l'abus d'autorité du gouvernant, Agamemnon, sur le héros, Achille (Edgar Morin dirait « la star »). L'histoire montre que le prétendu réaliste, Agamemnon, contrairement à la foule des Grecs, ne pouvait pas saquer Achille ! L'hubris des Grecs ! L'orgueil, toujours... On peut dire que cet exemple fut imité par la diatribe du Premier ministre Jean-Marc Ayrault (quelle curieuse homonymie phonique avec le héros) contre Gérard Depardieu, le symbole même de l'héroïsme à la française. Il n'y a rien de nouveau sous le soleil : les découvertes médicales remarquables ont toutes valu à leurs auteurs une ostracisation (l'exil des Grecs), depuis Luc Montagnier, de l'Institut Pasteur, mis à la retraite d'office à 65 ans, en passant par les grands chirurgiens absents de la célébration de l'INSERM et jusqu'aux plus brillants de nos chercheurs qui s'exilent pour travailler dans un monde où on leur témoigne le respect qu'ils méritent. Philippe

Lazar, directeur de l'INSERM, a retiré la direction de leurs laboratoires aux médecins les plus prestigieux de France, Mathé, Minkowski, Hamburger et Dausset, prix Nobel… au prétexte qu'ils avaient dirigé ces laboratoires pendant plus de douze ans. Les héros paient un tribut très lourd à leur destin, leur longévité est plus faible que celle des autres. Il est possible que les régimes à prétention égalitaire, communiste, fasciste ou démagogue commencent leur décadence par la détestation des héros, qui sont, comme le dit Hegel, la ruse qu'emprunte la raison pour guider les civilisations.

LES UNIVERSITÉS FRANÇAISES, VINCENNES, ET LE GAULLISME – QUAND ALLONS-NOUS REFAIRE PREUVE DE CRÉATIVITÉ ?

De Gaulle et Peyrefitte, à la veille des événements de 1968, préparaient une grande réforme des universités, décrites par Alain Peyrefitte dans *Le Mal français*. L'Histoire ne l'a pas permis à de Gaulle, car Mai-68 est arrivé, mais cela lui a fait créer l'université libre de Vincennes, nid d'opposants de gauche de génie qui vaudra à la France cinquante ans de domination philosophique. Cette université expérimentale avait un statut qui lui permit de sortir du carcan de la vieille Sorbonne, avec des libertés de nomination des enseignants et de discipline uniques au monde. Le marxisme des premières années en disparut vite au profit des études de mœurs. Cette expérience est connue dans le monde entier.

Les choses ont bien changé ; nos « intellectuels » ne sont plus des universitaires, ils sont tournés vers un passé fantasmé, et le classement de Shanghai[45] nous met à la 13e place des 200 universités en sciences humaines et sociales

45. Voir note p. 155-156.

avec un seul établissement présent, l'école économique de Toulouse. Les mécontents prétendront que le français est un handicap. C'est faux ; Google classe par citations, tous secteurs scientifiques confondus, les chercheurs vivants ou morts d'après leur influence et il y a dans les premiers Foucault, Deleuze et Derrida, Bourdieu, Chomsky, tous partenaires de l'opération pionnière de Vincennes hélas terminée en 1980.

De Gaulle fit créer en 1969 l'université Dauphine, la première spécialisée en gestion en France. La recette pour retrouver le miracle de Vincennes, comme pour les appels d'offre du grand emprunt et des emprunts d'avenir : faire repérer les plus dynamiques par un jury non français et leur donner des moyens hors normes. Nos grandes écoles sont trop normalisantes pour permettre la créativité, qui est souvent le fait de personnalités hors normes.

Enfin, le classement de Shanghai montre aussi notre difficulté, du fait de la structure de nos grandes écoles, à maintenir un rang efficace en sciences de l'ingénieur, où la Chine et les États-Unis font quasiment jeu égal, se partageant les 100 premières universités ! L'avenir technique est là. La France en place une sur 200 (Polytechnique) ! La France ne garde son rang qu'en sciences (mathématiques, physique, géologie, chimie), avec 6 universités sur les 100 premières, mais n'a que 3 % des 200 premières universités en médecine et sciences de la vie, où l'on retrouve les 6 instituts hospitalo-universitaires (IHU) financés à haut niveau par le grand emprunt et qui sont le résultat d'un choix politique. De Gaulle, pour répondre au défi médical, avait créé les CHU et y avait installé l'INSERM. On sait ce qu'il faut faire pour relancer le pays : créer une filière spécifiquement technologique dans les universités jusqu'à une thèse pour y faire de la recherche et créer de l'inventivité technologique, qui a fait la richesse des États-Unis depuis quarante ans. Relancer la recherche dans les hôpitaux et créer un espace de libre pensée créative comparable à celui de Vincennes pour les sciences humaines afin de retrouver l'enthousiasme ! Sans innovation intellectuelle, technique et médicale, notre avenir est bien morose.

LA RÉPONSE À FUKUYAMA : QUAND LES PLUS PUISSANTS PRENNENT EN MAIN L'ORGANISATION DU MONDE

L'ouvrage de Fukuyama[46] sur la fin de l'Histoire mérite d'être relu trente ans après sa parution, tant il exprime la stratégie des néoconservateurs américains et des défenseurs du droit d'ingérence en France au nom du sens de l'Histoire dont nous serions les guides. Il postule que la démocratie hors des périodes de trouble sélectionne les « moyens » pour ne pas risquer les aventures des ambitieux. Il postule aussi l'absence de modèles alternatifs et observe que les plus talentueux sont cantonnés hors du pouvoir historique, c'est-à-dire politique ou militaire.

Tout a changé depuis. Les plus puissants se mêlent de l'organisation du monde. Bill Gates s'occupe de la santé car l'OMS est rendue infirme par ses compromis consensuels. La prise du pouvoir par Donald Trump n'est que le début d'un renouveau de l'histoire politique qui montre que l'Histoire ne s'est pas arrêtée mais que, comme

46. Francis Fukuyama, politologue américain né en 1952, auteur de *La Fin de l'Histoire et le Dernier Homme*, publié en 1992.

toujours, la raison a rusé pour investir les sujets dominants. En effet, quel homme politique peut comparer, depuis la guerre, son influence à celle de Bill Gates, Steve Jobs ou Steven Spielberg ? Il est vraisemblable que le champ politique sera repris par les forts car l'avenir en dépend. Cela a déjà commencé.

– CINQUIÈME PARTIE –

LE DÉSARROI DE L'OCCIDENT

Écologie, identité, immigration, haine des riches, choc des religions

– 1 –

ÉCOLOGIE

RÉCHAUFFEMENT CLIMATIQUE, PESTICIDES ET MILLIARDAIRES[47]

On me demande parfois pourquoi je m'intéresse aux prévisions sur le réchauffement climatique alors que je suis biologiste. Tout simplement parce que je suis régulièrement sollicité pour rédiger des articles pour des revues ou participer à des demandes de financement pour des études portant sur le risque d'augmentation des maladies infectieuses lié au réchauffement climatique. En particulier, les maladies dites « vectorisées », transmises par des moustiques ou des tiques. Or, bien que mon laboratoire soit probablement le plus spécialisé au monde sur la transmission des maladies bactériennes, je n'ai jamais observé en vingt ans la moindre recrudescence ! Ce constat colle avec les analyses annuelles que la grande revue scientifique *The Lancet* réalise sur les causes de décès dans le monde. En réalité, la mortalité de toutes les maladies transmises par des vecteurs est en régression. Le paludisme tuait, en 2005, 1 167 000 personnes. Il fait 37 % de victimes en moins aujourd'hui (730 000 personnes) et 60 %

47. 15 mai 2017 – Publié par Olivia Recasens

de moins qu'en 2000. Cette chute brutale de la mortalité par le paludisme est essentiellement due à l'usage massif d'insecticides, en l'occurrence la perméthrine qui imprègne les moustiquaires ou les murs. Ces produits sont distribués gratuitement, en particulier grâce à l'action de milliardaires et à la coalition sanitaire mondiale qui lutte contre le paludisme. Autant dire que la réalité est politiquement incorrecte : des milliardaires sauvent des millions de vies avec des pesticides ! Les autres maladies vectorisées, les leishmanioses, transmises par des petits insectes, ont vu leur fréquence diminuer ; la maladie du sommeil (trypanosomiase) due à la mouche tsé-tsé, est ainsi passée de 14 000 à 1 500 morts annuels. Au total, la mortalité des maladies vectorisées a baissé de près d'un tiers en dix ans. Une bonne nouvelle dont personne ou presque ne parle…

Délires catastrophistes

La catastrophe annoncée depuis vingt ans ne s'est toujours pas réalisée : on meurt de moins en moins de maladies dues à des insectes et des tiques. C'est tant mieux, et c'est en grande partie lié à l'usage des insecticides. La réalité est bien différente des fantasmes plus ou moins écologiques. Mais il n'est pas sûr que cette leçon de vérité décourage les délires catastrophistes dans les années à venir. Il est d'ailleurs difficile de résister à ces poussées de peurs médiatisées, même lorsque l'on est un scientifique, car les scientifiques sont sollicités pour participer à des contrats de recherche extrêmement juteux ou pour rédiger des articles dans les meilleures revues sur ces sujets alarmistes qui nourrissent la panique. Expliquer que les prédictions sont uniquement basées sur l'émotion et non sur la réalité scientifique reviendrait à scier la branche sur laquelle ils sont assis...

LA CURIOSITÉ ET LES OPINIONS POLITIQUES DANS LA SCIENCE

Dans le monde scientifique, pour la plupart des gens qui se penchent sur l'histoire de la science (épistémologie que tout scientifique finit par pratiquer avec l'âge), il devient clair qu'une partie non négligeable de la science est culturelle. Cela entraîne une variabilité dans la capacité à voir des phénomènes nouveaux – en particulier ceux contredisant la théorie majeure –, puis à les interpréter, et à les diffuser. Les différents types d'approches scientifiques ne prédisposent pas au même risque.

Les scientifiques, ou les humains qui ont naturellement une curiosité scientifique, ont plus de capacité à regarder les données empiriques nouvelles qui contredisent les théories majeures. Les scientifiques, qui se basent sur des hypothèses pour les vérifier, sont par définition moins perméables à la surprise. Les choix de société ont fait l'objet de nombreux débats, y compris par Bruno Latour (qui dirigea la recherche de Sciences-Po Paris) dans un article célèbre appelé *From matters of fact to matters of concern*[48], lequel faisait un plaidoyer pour que, dans le choix entre des données qui contredisaient une théorie socialement importante et le choix social, il fallait faire le choix social.

Cette position vient d'être analysée avec beaucoup de densité dans un article récent qui, pour la première fois, quantifie la curiosité scientifique et l'analyse dans le contexte d'un choix politique personnel[49]. Comme sujet essentiel de discussion, il prend l'un des plus débattus : le réchauffement de la planète et le rôle de l'activité humaine dans ce réchauffement. Ce travail est pratiqué aux États-Unis car les choses y sont plus simples. En France, tout le monde est écologiste de la droite à la gauche et on ne peut pas identifier l'opinion concernant le rôle de l'Homme en se basant sur les idées politiques. Ainsi le Grenelle de l'environnement de Sarkozy n'est pas très loin de la position des Verts. Ce brouillage politique rend impossible ce type d'analyse. Il n'y a pas en France d'opposition au point de vue écologiste,

---

48. Bruno LATOUR, *Why has critique run out of steam ? From matters of fact to matters of concern*, Standford Presidential Lecture at Humanities Center, 2003.

49. Dan M. KAHAN, Asheley LANDRUM, Katie CARPENTER, Laura HELFT, Kathleen Hall JAMIESON, *Science curiosity and political information processing*, Adv Vet Sci, 2017, 38 : 179-99.

qui témoigne de la perception d'une préoccupation générale.

Aux États-Unis, au contraire, les républicains sont majoritairement sceptiques quant au réchauffement et au rôle de l'Homme dans ce réchauffement (c'est la position d'ailleurs du président actuel) tandis que les démocrates pensent que ce problème est essentiel, comme l'ont montré les positions de Al Gore et Barack Obama. Les deux populations (se déclarant démocrates ou républicains) ont été testées pour leur degré de curiosité grâce au test mis au point par les auteurs. Puis on a mesuré leur intérêt à regarder des articles qui contredisaient leur opinion de base. Sans surprise dans les deux cas, la plupart des démocrates ne s'intéressaient pas plus que les républicains aux données empiriques présentées allant dans le sens opposé. En revanche, dans ces deux populations, ceux qui avaient une plus grande curiosité scientifique et un appétit pour la nouveauté scientifique ne réagissaient pas comme la population générale. Ainsi, dans la population générale, il existe un conflit d'intérêts dans la transmission de l'information liée aux opinions politiques antérieures. Cela confirme que parmi les conflits d'intérêts, la force idéologique est un point aussi marqué que la force de l'argent. Toutefois, parmi les humains de toute pensée politique, il en existe une partie qui reste ouverte aux faits qui contredisent l'opinion majoritaire de leur courant politique.

Un autre exemple qui fait actuellement beaucoup de bruit est celui des pesticides et perturbateurs endocriniens, en particulier le bisphénol. Dans ce domaine, il existe un conflit scientifique et un autre idéologique. Sur le plan scientifique, cela vient d'être analysé très profondément dans *Science*[50]. La Food and Drug Administration considère que l'on ne peut tenir compte que d'études qui ont une rigueur chimique et biologique incontestable. C'est ce que l'on appelle les bonnes pratiques de laboratoire. Pour eux, tout doit être quantifié, mesuré et reproductible. À l'inverse, un certain nombre de médecins (en particulier des endocrinologues) ont proposé des modèles expérimentaux et des données statistiques ou anecdotiques sur les perturbateurs endocriniens qui, par définition, n'ont pas le même type d'approche ni le même type de rigueur. Dans ces conditions, si en France, encore une fois, le brouillage des cartes fait qu'il n'y a pas de discussion sur ce phénomène, aux États-Unis, l'État américain a, sous Barack Obama, financé une structure permettant de trouver le mode de réconciliation

50. Warren Cornwall, *Rules of Evidence*, Science, 2017, 355(6325) : 564-7.

scientifique entre les analyses de type chimique et les analyses de type médical et expérimental, qui ne bénéficient pas de la même capacité à être reproduites que les évaluations chimiques. D'une manière intéressante, dans ce domaine, on peut noter que les tricheurs sont de tous les bords. Ce qui montre que les conflits d'intérêts sont multiples. Il a été mis en évidence que plusieurs études réalisées sous l'impulsion d'industries chimiques étaient truquées et il a aussi été démontré que l'étude majeure d'Arnold[51], montrant qu'il existait un « effet cocktail » entre les perturbateurs endocriniens potentiels, était en réalité un faux qui a dû être retiré après avoir été publié dans *Science*. Après une enquête du gouvernement américain, le chercheur a été exclu de toute activité scientifique pour cinq ans, un certain nombre de ses résultats ayant été purement inventés. Les conflits d'intérêts peuvent être idéologiques comme financiers. Seul le développement de la curiosité permet de ne pas tomber dans la croyance idéologique ou religieuse qui aveugle, et empêche d'acquérir et

51. Steven F. ARNOLD, Diane M. KLOTZ, Bridgette M. COLLINS, Peter M. VONIER, Louis J. GUILLETTE JR., John A. MCLACHLAN, *Synergistic activation of estrogen receptor with combinations of environmental chemicals*, Science, 1996, 272(5267) : 1489-92, Retraction in : John A. MCLACHLAN, Science, 1997, 277(5325) : 462-3.

d'interpréter les données nouvelles qui ne cessent de se multiplier, compte tenu de notre avancée technologique. En pratique, pour moi, le plus gros problème est l'usage massif de glyphosate pour la culture des OGM, qui bouleverse actuellement le microclimat mondial, car c'est un herbicide qui est aussi un antibiotique.

CONFLITS D'INTÉRÊTS ET ÉCOLOGIE

Les conflits d'intérêts qui ont été le mieux identifiés, car ils sont assez faciles à détecter, sont ceux liés à l'argent. Ainsi, l'absence de déclaration des experts d'activités rémunérées est-elle désormais considérée comme un biais d'observation. La découverte depuis une quinzaine d'années qu'un certain nombre de tests ou d'évaluations réalisés grâce à des financements de l'industrie n'étaient jamais publiés a été révélée. Cela entraînait un biais en faveur des produits concernés. C'est maintenant plus clair dans l'industrie pharmaceutique que dans d'autres domaines, comme l'industrie chimique ou l'industrie agroalimentaire. Dans le domaine de la santé, nous devons faire, pour nos publications scientifiques, une déclaration qui n'est pas indispensable dans le monde de l'environnement ou de l'agroalimentaire. Il existe d'autres conflits d'intérêts, interpersonnels, d'amitié, de collaborations, ou d'hostilité ! Dans le monde scientifique, cela commence à être identifié et plusieurs journaux éliminent ces conflits. Des règles ont été mises en place par les États, celles mises en place en France sont parmi les plus strictes du monde.

Concernant l'environnement, il est intéressant, et cela a récemment été rapporté dans un article paru dans *Science*, le meilleur journal de sciences américain, de voir que les tricheurs sont de tous les côtés. Il y a incontestablement dissimulation de résultats de l'industrie chimique concernant les produits chimiques, en particulier l'effet de certains pesticides. Mais à l'inverse, tout comme l'étude publiée dans *Science* dont nous avons parlé plus haut, qui a fait référence pour beaucoup d'écologistes et qui s'est révélée totalement fausse, un autre article pro-écologique fait l'objet d'un grand scandale, c'est celui sur l'absorption par les poissons de l'Arctique de microparticules de plastique qui auraient un effet particulièrement négatif. Des chercheurs suédois ont remis en cause ce texte qui est considéré comme complètement inventé, compte tenu du fait que les investigateurs n'avaient pas travaillé pour le site qu'ils décrivaient dans l'article scientifique[52]. Cela montre deux choses : d'une part qu'il existe une bienveillance pour les articles qui sont dans la tendance morale de la société, car la science n'est

52. Martin ENSERINK. *Paper about how microplastics harm fish should be retracted, report says*, Science, 2017, http://www.sciencemag.org/news/2017/04/paper-about-how-microplastics-harm-fish-should-be-retracted-report-says.

pas absente des préoccupations de la société. Par ailleurs, toutes sortes d'éléments peuvent amener à tricher : l'appât du gain, la gloire, mais aussi la certitude par idéologie d'avoir raison ! Il n'y a pas un conflit d'intérêts mais de multiples conflits d'intérêts. Avoir de bonnes intentions, plutôt qu'être corrompu, ne permet pas d'échapper à la tricherie !

LES IDÉES SIMPLES SONT PARFOIS MORTELLES : EXEMPLE DES MOINEAUX DE MAO

Dans notre pays où tous les partis sont écologistes, personne ne s'inquiète de la baisse d'activité des pesticides et insecticides, qui est pourtant une menace importante. Le journal *Science* vient de rapporter le risque pour les récoltes de cette impasse. En France, la diminution de leur usage a eu des effets catastrophiques du fait du mildiou (un champignon) qui a forcé des viticulteurs à choisir entre abandonner la conversion biologique et mourir. Cela rappelle la guerre que Mao lança aux moineaux pendant la Révolution culturelle, parce qu'ils mangeaient les grains. Plusieurs millions de moineaux furent tués, il en résulta une prolifération d'insectes (débarrassés de leurs prédateurs) et une famine qui tua 30 millions de personnes... En médecine, un des vrais risques d'avenir est la baisse d'activité de la perméthrine, insecticide de référence qui a préservé des dizaines de millions de personnes du paludisme et des maladies liées aux insectes. Il s'agit probablement au niveau mondial de l'une des plus grandes priorités, car le paludisme ne recule plus. Le développement de pesticides sans danger pour la santé, le contrôle du sucre dans les aliments et les boissons, la limitation drastique des drogues légales sont les priorités actuelles.

UN BESOIN URGENT D'INSECTICIDES SANS DANGER POUR LA SANTÉ

Le programme des trois candidats à la direction de l'OMS reflète plus une synchronisation avec des peurs sociales que l'urgence des problèmes auxquels nous devons, je crois, faire face. En effet, les inquiétudes sur la résistance aux antibiotiques et sur le réchauffement climatique relèvent plus de prédictions que de choses qui sont en train de se dérouler sous nos yeux. Le besoin qui me paraît le plus urgent est celui de découvrir de nouveaux insecticides inoffensifs pour lutter contre les maladies vectorisées. Ainsi, les poux ont été à l'origine des pandémies parmi les plus graves de l'histoire de l'humanité, avec le typhus, qui tua des millions de personnes, la fièvre des tranchées, la fièvre récurrente à poux et probablement les pandémies de peste. Les poux commencent à montrer une résistance importante à la perméthrine, et jusqu'à 30 % des poux de tête peuvent être résistants. La récente découverte de la capacité qu'auraient les poux de tête de transmettre des maladies fait peser une menace très importante sur l'humanité du fait de l'absence de contrôle de cette transmission dans l'ensemble des pays, y compris les plus riches.

Les moustiques présentent aussi un problème important dans tous les pays. Un des plus grands succès des stratégies de lutte contre les maladies infectieuses a été l'installation de moustiquaires imprégnées de perméthrine ces dernières années dans les pays tropicaux, et en particulier en Afrique. D'après l'analyse de Global Burden publié dans *The Lancet*, cela a évité des millions de morts. Malheureusement, on note dans les pays tropicaux une augmentation très importante de la résistance à la perméthrine, qui risque de permettre un retour important du paludisme, comme cela a été vu après l'abandon du DDT. D'une manière paradoxale, les insecticides font l'objet d'un débat violent sur leur potentiel rôle de perturbateurs endocriniens chez les humains (*Science*), sans que cela ait démontré une réalité importante. En pratique, dans le courant du XXe et du XXIe siècle, les insecticides ont permis de sauver des dizaines de millions de personnes. La résistance aux insecticides est un danger extrêmement plus important et beaucoup plus urgent que la résistance aux antibiotiques, et il faut prendre garde que les campagnes de dénigrement des insecticides, basées sur des conséquences humaines non démontrées, n'empêchent pas la recherche de nous aider à franchir la prochaine bataille contre les arthropodes[53].

53. Insectes et tiques.

DRAMATISEZ,
IL EN RESTERA QUELQUE CHOSE :
UN EXEMPLE DES FEUX DE FORÊT

Août 2017. Je suis en vacances, et pendant les vacances, je lis les journaux régionaux. En ce moment, le drame quotidien, ce sont les feux de forêt. Un peu de distance, dont on ne sait si elle ne va pas déchaîner les excités du drame quotidien, amène deux réflexions. Aux États-Unis, où les plus grands incendies de forêt ont lieu, une hypothèse écologique majoritaire est que ces incendies font partie d'un cycle écologique de renouvellement antérieur à l'activité humaine, naturel et bienfaisant. En France, tous les ans, nous vivons un drame médiatique de la déforestation lié à l'irresponsabilité des hommes face à la nature, mais la forêt a doublé depuis vingt ans grâce à la propriété privée ! L'État et nos élus résistent moins à la pression populaire que les propriétaires. J'ai l'expérience d'une partie d'une forêt de sapins centenaires dont nous sommes propriétaires dans les Alpes, rasée par mon voisin désireux d'agrandir son panorama, sans qu'aucune autorité ne me défende, et que j'ai replantée. Les indignations médiatiques sont une chose, le goût de certains d'entre nous qui, sans bruit, restaurent notre forêt sans l'aide de l'État et sans l'écho de la presse en est une autre.

DES NOUVELLES DE LA SANTÉ DANS LE MONDE ET EN FRANCE : LE VRAI RÔLE DE LA POLLUTION

Un autre article dans *The Lancet*[54] continue la saga des travaux réellement solides sur les causes de mortalité dans le monde. Il rapporte celles qui augmentent et les facteurs de risque liés à cette augmentation de la mortalité. D'une manière intéressante, aucune d'entre elles n'a fait l'objet d'une priorisation par les trois candidats retenus pour diriger l'OMS. En pratique, les facteurs de risque associés à une surmortalité et à une diminution de l'espérance et de la qualité de vie (ce sont deux éléments distincts) sont les mêmes. Les quatre premiers sont : l'hypertension, le tabac, le diabète et l'obésité. Ces données, ajustées en 2015, comparées à 1990, montrent l'augmentation des risques comportementaux par rapport aux

54. Aaron J. Cohen, Michael Brauer, Richard Burnett, H. Ross Anderson, Joseph Frostad, Kara Estep, *et al.*, *Estimates and 25-year trends of the global burden of disease attributable to ambient air pollution : an analysis of data from the Global Burden of Diseases Study 2015*, The Lancet, 2017, 13 ; 389(10082) : 1907-18.

risques environnementaux. En effet, la pollution par les particules extérieures, la pollution intérieure par le chauffage et la mauvaise qualité des eaux de boisson contaminées par les microbes ont régressé. Ainsi, les risques liés à la pollution diminuent d'une façon significative, tandis que les risques liés à nos comportements augmentent, et c'est ainsi que la consommation de tabac, de sel, de sucre et une alimentation trop riche sont les facteurs qui constituent – non seulement dans les pays développés, mais dans le monde entier – les risques les plus importants, et ceux qui progressent le plus rapidement. Il existe d'ailleurs actuellement des propositions de création de pilules « magiques », qui comporteraient à la fois des statines (pour lutter contre le cholestérol et l'infarctus du myocarde), un diurétique (pour lutter contre l'augmentation de la tension), un antidiabétique (pour permettre de diminuer l'intolérance au sucre). Mais il n'existe pas de pilule magique, encore, pour empêcher de fumer.

En France, l'inquiétude concernant la pollution atmosphérique est telle qu'elle a amené un moment à proposer l'interdiction des cheminées ! En fait, la France est l'un des pays où la mortalité attribuable à la pollution atmosphérique est la plus faible au monde. Ce n'est donc probablement pas une priorité de santé publique d'interdire les cheminées ! En pratique, le plus gros problème de santé publique actuel est l'ajout de sel et de sucre aux produits préparés. Ils favorisent l'obésité et l'hypertension, qui sont les plus grands tueurs avec la consommation de tabac (et non les OGM ni la pollution !). D'ailleurs la grande distribution, qui distribue ces produits bourrés de sucre et de sel, finance des études controversées sur le rôle des OGM dans la santé humaine, ce qui laisse rêveur. L'article qu'elle a consacré à ce sujet, et qui a fait grand bruit, a d'ailleurs été rétracté par le journal qui l'avait publié[55] ! La grande distribution vend par tonnes les produits à problème mais fait sa publicité sur son éco-compatibilité (sans OGM, sans aspartam) ! Pour moi, je l'ai déjà dit, le danger des OGM n'est pas direct mais vient du bouleversement de l'écosystème qu'entraîne l'herbicide (le glyphosate) qui y est associé. Il ne faut pas nous détourner des priorités de santé publique ; ce n'est pas la peine de nous annoncer un désastre quotidien, l'augmentation de la qualité

55. *Retraction notice to « Long term toxicity of a Roundup herbicide and a Roundup-tolerant genetically modified maize »*, [Food Chem. Toxicol. 50 (2012) 4221-4231], Food Chem Toxicol, 2014, 63:244.

et de l'espérance de vie dépend d'un certain nombre de problèmes comportementaux : la consommation de tabac, de sel, de sucre et l'absence de contrôle de la prise du poids ; ce n'est pas la faute des autres.

– 2 –

IDENTITÉ, IMMIGRATION ET HAINE DES RICHES

L'IDENTITÉ HARGNEUSE

Cette revendication hargneuse d'identité a son origine dans l'incertitude de la généalogie, et la peur de ne pas être assez français. La plupart de ceux qui manient la rhétorique la plus outrancière ont ce problème. Dans leur public, on trouve ceux qui sont malheureux dans leur être et n'ont plus comme titre de gloire que d'être français. Ils sont comme les gueux de la Révolution qui voulaient la mort de Marie-Antoinette « l'Autrichienne », qui avait plus d'ancêtres français que Louis XVI. Il faut laisser la place aux derniers arrivés, enseigner l'histoire de France avec plus de science et abandonner le roman historique pour montrer la multiplicité de nos racines ethniques, linguistiques, religieuses et politiques, et cesser enfin de croire que la France se résume aux carnets scolaires de la IIIe République avec une foi laïque et des ancêtres gaulois !

Il faut mettre fin à la guerre des identités qui mène inéluctablement à la guerre civile.

PRÉDESTINATION DARWINIENNE ET SÉLECTION NATURELLE : LA PORTE OUVERTE À UN RACISME ABERRANT[56]

Le darwinisme est devenu un mythe tellement puissant que, comme le dit Feyerabend[57], « le néodarwinisme est défendu au nom de l'énorme succès de cette théorie du point de vue orthodoxe, alors qu'en fait c'est un obstacle à l'examen approfondi de ce succès. » Le darwinisme s'inspire de l'idée protestante de prédestination (des hommes et des peuples) qui a marqué l'époque coloniale et qui est ridiculisée quotidiennement par l'histoire contemporaine. Au nom de ses concepts approximatifs (et d'ailleurs mal compris), il empêche nos sociétés d'évoluer. En effet, l'hypothèse majeure de Darwin, pour expliquer les changements qu'il observait chez les êtres vivants visibles, était basée sur des modifications internes précédant l'arrivée dans un écosystème donné où nous serions triés par la sélection naturelle. Le néodarwinisme a intégré cette hypothèse en

56. 26 mars 2017 – Le Point.fr

57. Paul FEYERABEND, *Contre la méthode, esquisse d'une théorie anarchiste de la connaissance*, 1988, Éditions Points, p. 1-352.

y mêlant la génétique, qui est censée représenter maintenant l'essentiel de nos capacités à vivre dans un monde donné. Bien sûr cela est faux : la plus grande révolution génétique actuelle est la reconnaissance de mécanismes adaptatifs chez des êtres vivants différents ayant le même potentiel génétique. Certes, la génétique détermine un certain nombre de choses, mais l'adaptation grâce à différents mécanismes (seulement partiellement reconnus) est un élément essentiel. Un exemple spectaculaire est celui de nos cellules qui diffèrent dans chacun de nos organes et ont pourtant le même ADN. Dans certains cas, cette adaptation se transmet. Ainsi la vulgarisation et la généralisation de l'idée de gène et d'ADN amènent à avoir des réflexions sociales, racistes ou historiques totalement délirantes. « La France a ça dans son ADN », « Le pays a ça dans son ADN », autant d'assertions qui relèvent du fantasme rationaliste postdarwinien qui laisse penser que, spontanément, nous n'avons pas la capacité de nous adapter. Cela nous empêche de faire face à la réalité qui est mouvante. Cela nous empêche de trouver les moyens de nous adapter à des situations qui sont complexes, changeantes, et parfois chaotiques, à l'inverse de ce que disait Darwin. Il est temps de réhabiliter les capacités d'adaptation des sociétés, des humains et des êtres vivants en général, et de ne pas croire que l'on naît avec le potentiel inné pour réussir ou ne pas réussir à survivre dans le monde tel que nous le rencontrerons, et qui sera différent de celui dans lequel nous sommes nés.

LE MODÈLE OCCIDENTAL FACE AU « COMMUNAUTARISME »[58]

Le moteur de l'évolution humaine est l'imitation des dominants. Quand un peuple domine, les autres le copient. C'est vrai pour la langue, l'écriture, les vêtements, et éventuellement les religions. Les « dominés » parfois modifient leur nom pour lui donner une consonance française (les Debré par exemple, Aznavour ou encore Bruel), adoptent des prénoms de notre calendrier (c'était encore obligatoire il y a peu de temps en France). Pendant des années, la dominance de notre civilisation occidentale amenait naturellement les autres peuples à tenter de nous ressembler. Cela s'est traduit par une homogénéisation vestimentaire (jean et T-shirt ou costume-cravate) et linguistique (un mauvais anglais est devenu la langue standard). À l'échelle locale, y compris en France, de très nombreuses langues ont purement disparu. Les sports occidentaux (football, basket-ball…) ont envahi le monde et nos mœurs (dont la monogamie) ont été considérées comme universelles. Notre vision de la démocratie a tenté de s'imposer, y compris par la guerre.

58. 12 avril 2017 – Publié par Olivia Recasens

Mais les cartes dominantes/dominées se redistribuent. Voilà que les peuples et les émigrants ont cessé de considérer que la culture occidentale était le but à atteindre, le sommet de l'évolution. Ainsi, des cultures différentes ont émergé, sans être pour autant ce que nous appelons du « communautarisme ». Le choc est d'autant plus dur qu'il révèle que nous ne sommes plus l'idéal, le modèle, mais la fin d'un cycle. Les cartes des civilisations dominantes/dominées se redistribuent. Le « communautarisme » est le témoin du désenchantement de la civilisation occidentale et l'annonce d'une mutation profonde à laquelle les rodomontades des politiques ne changeront rien. Dans mon laboratoire, à la faculté de médecine de Marseille, travaillent 172 étrangers. Ces étudiants veulent apprendre la science avec une énergie qui fait défaut à la plupart des étudiants européens, mais contrairement à ce que je voyais il y a vingt ans, ils ne s'habillent plus comme nous !

LES RÉFUGIÉS SYRIENS : UNE CHANCE POUR NOTRE PAYS[59]

Dans mon laboratoire et dans mon institut, nous avons reçu plus de 1 000 étudiants et stagiaires étrangers d'un grand nombre de pays. Dans le passé, parmi ceux-ci un Syrien, venu dans un premier temps grâce à une bourse de son pays, a montré des qualités tellement hors du commun que nous l'avons gardé. Il est maintenant maître de conférences dans mon unité de recherche. Les Syriens, victime d'une guerre civile atroce, font l'objet d'un rejet violent à la fois par Donald Trump et par certains de nos candidats à diverses élections qui voudraient les laisser à la porte. Ils ont pourtant souvent enrichi d'une manière spectaculaire les pays dans lesquels ils vivent, dont la France. Deux des milliardaires qui ont bâti leur fortune en France sur leurs propres capacités (et non pas sur des réseaux ou sur des héritages) sont d'origine syrienne. Jacques Saadé m'y a fait penser en m'invitant à son quatre-vingtième anniversaire. Sa famille d'origine syrienne s'est refugiée au Liban, puis il est venu à Marseille en 1978,

59. 16 février 2017 – Le Point.fr

pour y monter ce qui est maintenant la troisième entreprise de transports maritimes au monde (CMA-CGM), dont il a confié les rênes à son fils Rodolphe. Par ailleurs Mohed Altrad, plus jeune, installé à Montpellier, est considéré comme l'un des meilleurs entrepreneurs mondiaux : sa société est la première au monde pour la fabrication de béton et d'échafaudages. Ainsi deux des 60 ou 70 milliardaires français ont bâti leur fortune en France en arrivant de Syrie et en créant massivement des emplois. Aux États-Unis, Steve Jobs, créateur d'Apple, est le fils d'un immigrant syrien. Il faut ainsi sans arrêt renouveler le constat que souvent les étudiants les plus dynamiques et les plus entreprenants nous viennent des pays du Sud, et choisissent de créer des entreprises avec leurs capacités de travail hors du commun. La moyenne des émigrants en France est plus diplômée que la moyenne des Français, et près de 50 % des étudiants en thèse ou en formation postdoctorale en France sont d'origine étrangère. L'avenir des étrangers qui émigrent a prouvé dans le passé la contribution qu'ils apportaient dans le pays dans lequel ils avaient immigré. Actuellement, ce sont les plus diplômés qui immigrent dans nos pays, et il y a peu de chances qu'ils entrent en concurrence avec les gens non diplômés, pourtant ceux qui les redoutent le plus ! Le déclin de la science américaine est très lié aux freins à l'immigration – instaurés par George W. Bush – des chercheurs et des étudiants étrangers qui ont constitué l'armature de la recherche américaine depuis longtemps. Il y a trente ans, lors de mon stage postdoctoral aux États-Unis, 50 % des chercheurs de NIH (institut de recherche médical) étaient d'origine étrangère. Quoi qu'il en soit, si on avait empêché depuis les années 1970 les Syriens d'immigrer en France, nous aurions deux entreprises de taille mondiale en moins. Cela peut aider à réfléchir.

LA VRAIE LEÇON DE SCIENCE DE PIKETTY SUR LES FORTUNES D'EXCEPTION

Le livre de Piketty[60] sur le capital a deux aspects : l'un scientifique et l'autre politique. Je ne partage pas les opinions politiques ni les propositions qu'il fait, mais j'ai été impressionné, comme la plupart des scientifiques du monde entier, par son analyse économique. En effet, et pour la première fois à ma connaissance, Piketty introduit une classification de la propriété non pas arithmétique mais logarithmique (10 %, 1 %, 1/1 000, 1/10 000, 1/100 000, 1/1 million). Cette classification montre qu'on obtient des classements radicalement différents si on sépare les fortunes d'exception d'autres fortunes moins exceptionnelles (les 1 % ou les 10 % les plus riches). Et là, on ne voit pas d'inégalité majeure entre les 10 % ou les 20 % les plus riches et les 20 % les plus pauvres, alors que si on se tourne vers les populations extrêmes, il n'en va pas de même. Il est intéressant de voir que le cumul des cent richesses les plus extrêmes dépasse de loin le PIB d'un grand nombre de pays.

---

60. PIKETTY Thomas, *Le Capital au XXIe siècle*, 2013, Seuil.

Ce que Piketty note sur la richesse n'est en fait jamais qu'une constatation des activités humaines. Les richesses émergentes – qu'il s'agisse de celles de Steve Jobs, fondateur d'Apple, de celle générée par Google, de celle de Bill Gates, avec Microsoft, ou de celle issue de Facebook – sont créées par des humains d'exception. Leur fortune est exceptionnelle parce que ces humains d'exception sont investis dans le domaine de la fortune, mais on peut appliquer la même règle à toutes les activités humaines. On ne peut pas comparer les 10 % ou les 20 % ou les 1 % des meilleurs compositeurs musicaux à Mozart ou Beethoven, et la plupart des pays du monde n'ont jamais produit une musique ayant marqué l'Histoire comme celle du seul Mozart. Il en est de même en littérature : il s'écrit des millions de livres, mais il restera du XXe siècle moins de dix auteurs qui traverseront le temps. Beaucoup de gens philosophent, mais la philosophie allemande du XIXe siècle a marqué l'humanité d'une façon que j'imagine définitive, et les auteurs de la dimension de Platon ou de Nietzsche n'apparaissent que tous les deux mille ans. Il en est de même dans la recherche : l'idée que c'est une activité générale comme l'artisanat est un fantasme. Il y a des gens qui ont une production scientifique mille fois plus importante que les autres. Ces différences logarithmiques existent aussi dans la réalisation cinématographique, chez les footballeurs, les athlètes ou les acteurs… C'est irritant pour ceux qui font partie d'un groupe d'accepter qu'il existe des niveaux qui ne sont pas comparables, ou qui sont différents d'une façon logarithmique, mais c'est la nature des humains ; il existe des extrêmes et ces extrêmes parfois arrivent à créer à eux seuls 1 %, 10 %, 20 % de la production ou de la créativité mondiale, à un moment donné, dans un domaine donné. Ainsi, Piketty montre d'abord la profonde inégalité de la nature humaine, et refuse que cette inégalité, bien qu'inhérente à la nature humaine, soit inacceptable. Lui-même est en train de devenir une de ces stars de l'économie et écrase déjà la production scientifique de la plupart des économistes modernes du monde entier[61] !

61. Sacha RAOULT, Brendan LEONARD, Arnaud DERBEY, *A Prophet in his Hometown ? the Academic Reception of Thomas Piketty's "Capital in the Twenty-First Century" Across Disciplines in France and in the United States*, The American Sociologist, 2017, 44(2) DOI 10.1007/s12108-017-9338-0.

– 3 –

LE DÉSARROI DE L'OCCIDENT

LE PARADOXE DU « PLUS ÇA VA, MOINS ÇA VA »[62]

Nous vivons un formidable paradoxe. Sur le plan pratique et réel les humains et singulièrement les Français vivent un âge d'or. Sur le plan de la santé, notre espérance de vie est une des plus longues du monde et atteint des records inimaginables dans le passé. Mais chaque jour une nouvelle angoisse, une nouvelle peur émerge qui semble menacer notre vie. La nourriture n'a jamais été aussi sûre, comme l'eau que nous buvons. C'était une des premières causes de mortalité au début de l'urbanisation. Les empoisonnements, les maladies dues aux contaminations fécales, le botulisme ont disparu. Les infections ont reculé et sont traitées grâce aux antibiotiques, dont on nous prédit pourtant une fin progressive. Les insecticides sauvent un millier de personnes par an (en particulier en évitant le paludisme), mais on les accuse de troubles non vérifiés. Les épidémies les plus mortelles du début du XXe siècle (rougeole, diphtérie, poliomyélite, variole) ont presque disparu grâce aux vaccins, mais on accuse

62. 12 mars 2017 – Le Point.fr

ceux-ci de tous les maux. Notre consommation de sel diminue rapidement en milieu urbain et cela épargne des vies. Il nous reste à mener le même combat contre le sucre et le tabac pour encore augmenter notre longévité. Mais nous lisons tous les jours qu'on nous empoisonne. La criminalité mesurable a diminué de façon spectaculaire depuis un siècle et n'a cessé depuis en France (Muchielli) et dans le monde (Pinker) mais il y a de plus en plus de gens en prison et nous avons de plus en plus peur. La pauvreté réelle a disparu en Europe (la faim, le froid) mais notre définition de la pauvreté, étant proportionnée à la richesse, cache ce qu'était la vraie misère des années 1950. Les minima sociaux offrent un pouvoir d'achat supérieur à celui du salaire médian d'il y a cinquante ans. L'inégalité en France est la plus faible du monde du fait de l'importance des prélèvements obligatoires et de la redistribution généralisée. Mais il reste 1 % ou 1/10 000 ou 1/1 million de riches, décrits par Piketty, qui suffisent à alimenter la hargne, la jalousie et le sentiment d'injustice. Enfin l'immigration n'a probablement jamais été aussi basse en proportion, mais suscite une hostilité généralisée. Finalement, la France est un des pays où l'on travaille le moins mais l'Assemblée parlementaire réfléchit à une nouvelle maladie professionnelle :

le burn-out ou épuisement professionnel. Malgré toutes les données réelles et chiffrées, l'information et les campagnes électorales se focaliseront sur ces problèmes fictifs plutôt que de nous aider à nous projeter dans l'avenir par l'éducation et la recherche.

LE PARADOXE DE TOCQUEVILLE

Notre philosophe de la modernité prévoyait avec raison que la diminution des inégalités rendrait celles-ci encore plus insupportables. Nous en avons l'exemple en France, où elles sont sans cesse à la baisse, en particulier du fait d'une redistribution par les prélèvements obligatoires parmi les plus élevés au monde, sans compter les compensations indirectes (Ticket-Restaurant, transports gratuits). Seul un grand aveuglement (ou pire !) peut n'intégrer que les revenus avant redistribution, en effet celle-ci comprend la moitié des revenus nationaux.

Pour susciter des frustrations, il faut aller chercher des proportions infimes de la population, comme le fait Piketty. Il en est de même pour la violence. Comme décrit par Mucchielli en France et par Steve Pinker dans le monde, la violence constante n'a cessé de diminuer (mort avec violence volontaire) pour devenir extrêmement peu fréquente, ce qui la rend insupportable et rend le terrorisme si efficace puisqu'en faisant quelques morts il terrifie toute une nation qui en perdit 2 millions durant la Première Guerre mondiale ! En conséquence la peur n'a jamais été aussi grande ni les prisons aussi pleines. Le travail aussi, en diminuant, devient insupportable : burn-out, harcèlement au travail, souffrance au travail, grèves, dépression et absentéisme illustrent ce paradoxe. Il est possible de multiplier les exemples, mais le plus frappant pour moi a été la lecture d'un sondage international sur le degré de pessimisme des populations : les pays les plus optimistes sont les plus pauvres, avec en tête le Bengladesh, et les plus pessimistes sont… l'Italie et la France. Souvent le mieux est l'ennemi du bien, et le confort l'ennemi de la vitalité. Byung-Chul Han, ayant fait sa thèse sur Heidegger, s'est souvenu que celui-ci écrivait : « L'angoisse naît de la préoccupation de soi. » Quand les stimulations extérieures réelles diminuent et que l'on se recentre sur soi-même, l'angoisse augmente. Par exemple en France où le temps réel de travail est le plus court du monde, championne dans trois catégories, les trente-cinq heures hebdomadaires, l'absentéisme et la grève. La population est malgré cela parmi les plus déprimées au monde et consomme plus de médicaments anxiolytiques et antidépresseurs que tous les autres pays. Enfin, un tiers des Français rapportent avoir eu dans l'année précédente un burn-out. Ce syndrome fut au départ décrit chez ceux qui s'investissaient trop dans leur travail… et il est désormais adopté massivement par la population qui travaille le moins. C'est un exemple de plus du paradoxe de Tocqueville ; quand on diminue le temps de travail (les inégalités pour Tocqueville), celui qui reste est de plus en plus insupportable.

LA DÉPRIME DE L'HOMME OCCIDENTAL

Le XXe siècle a vu le triomphe de l'homme occidental. L'évolution se faisant majoritairement par l'imitation du plus fort, tout le monde a imité l'homme occidental.

Les femmes occidentales se sont emparées des vêtements masculins : pantalon, jean, T-shirt. La révolution d'Yves Saint Laurent fut alors le smoking pour femme – il disait rêver d'habiller les femmes en hommes. Partout dans le monde, cette évolution s'est exprimée. Le costume-cravate s'est imposé, femmes et hommes de tous continents se sont homogénéisés dans un fantastique hommage au vainqueur : l'homme occidental.

C'est fini, celui-ci déprime. En Amérique, pour la première fois, son espérance de vie régresse du fait des suicides et des drogues (légales ou non), seuls – ou presque – les hommes vont en prison (97 % de la population carcérale). Les femmes réussissent mieux à l'université, vivent plus longtemps ; leurs vêtements se reféminisent. Les cultures aussi réaffirment leur identité avec leurs vêtements, en Afrique et dans les pays musulmans. Le fait que le monde n'imite plus l'homme occidental signifie qu'il ne fait plus rêver. La rébellion du vote pour Donald Trump en Amérique est une conséquence directe de cette perception, tout comme l'hostilité aux vêtements traditionnels non européens. Le monde change et ses maîtres aussi, mais ils n'aiment pas cela.

GPA : LA REVANCHE DES MÂLES ?[63]

Grande absente des débats, une révolution scientifique et sociétale est pourtant actuellement en cours partout dans le monde et elle nous concerne tous : celle de la reproduction. Nous sommes passés d'un monde où la reproduction était en grande partie déterminée par les hommes, qu'il s'agisse du « devoir conjugal » ou des viols durant les guerres – une dimension dont on souligne peu les conséquences massives, comme cela fut le cas encore assez récemment, à la fin de la Seconde Guerre mondiale en Allemagne après l'arrivée des troupes russes. Le contrôle féminin ne résidait que dans l'avortement dissimulé, avec l'aide de « faiseuses d'anges » qui risquaient la peine capitale, et cela a duré jusqu'à l'immédiat après-guerre. Ces avortements clandestins s'accompagnaient de septicémies souvent mortelles, à *Clostridium perfringens*, qui ont heureusement disparu.

L'avortement légalisé est aujourd'hui décidé par la mère, qui maîtrise ainsi toute la fertilité.

63. 8 avril 2017 – Publié par Olivia Recasens, sous le titre : « La GPA pourrait bien être la revanche des hommes... »

Paradoxalement les pères involontaires, ceux qui ont un enfant malgré eux, n'ont pas le choix et doivent assumer une paternité non voulue. Régulièrement, la Justice oblige ces pères à verser une pension alimentaire et parfois une amende au titre du préjudice moral.

Les femmes sans hommes, elles, peuvent se faire inséminer en Espagne ou par un amant pris au piège lui aussi. Ainsi les hommes, qui maîtrisaient presque entièrement la reproduction, peuvent aujourd'hui se retrouver totalement exclus du choix d'être père ou non. La gestation pour autrui va peut-être corriger en partie cela. Des hommes – notamment des homosexuels mais pas seulement – en désir d'enfant trouveront dans une société qui les prive de ce choix la liberté d'avoir des enfants avec des femmes libres de le décider. Grâce à la GPA ou gestation pour autrui. Ce que peu d'observateurs soulignent, c'est que la GPA représente ainsi une liberté de féconder pour les hommes au XXIe siècle !

CONCENTRATION ET DIVERSITÉ

Je crois que le degré de diversité tolérable dépend du nombre d'individus. C'est une loi statistique qui s'applique à toute chose et que nous appelons l'écart par rapport à la moyenne. Les séries d'études médicales ont ainsi un écart par rapport à la moyenne qui diminue quand le nombre de sujets testés augmente. Il en va de même pour tout ce qui est vivant. La mondialisation (*globalization* en anglais) entraîne mécaniquement une baisse de la biodiversité inéluctable. Les villes monstrueuses et la communication mondiale homogénéisent pensées et comportements. La divergence dans ce monde devient la marginalité qui finit en prison (1 % des gens aux États-Unis) – alors que cette marginalité était inconnue il y a quelques siècles en Europe et jusqu'au XXe siècle ailleurs –, ou à l'asile comme l'a montré Foucault. Les autres sont qualifiés de « sans domicile fixe », car ils échappent à la norme qui a atteint un degré unique du fait de la taille des sociétés, inégalée jusqu'à présent. Enfin les humains « extraordinaires » font l'objet d'attaques d'une violence multipliée par la taille de la population moyenne. Les villages et les tribus autorisent une différence que les mégapoles ne peuvent géométriquement pas accepter. Ce n'est pas de la politique mais de la loi des grands nombres. Platon fit écrire sur le frontispice de son école de pensée « Nul n'entre ici s'il n'est géomètre ». Il n'avait pas tort, des données basiques en mathématiques aident à comprendre le monde.

SCIENCE : LES NIDS ET LES RÉSEAUX

Les instances européennes et les outils modernes amènent à développer les réseaux d'une façon parfois coercitive dans le domaine scientifique. Je pense que c'est une erreur profonde en ce qui concerne la créativité. En réalité, il existe des synergies dans la vie qui créent d'incroyables succès en série grâce à l'émulation née du travail du voisin. On en a de multiples exemples. Le miracle d'Athènes qui changea notre civilisation en si peu de temps au IVe siècle avant Jésus-Christ ; le miracle de la littérature de Rome au Ier siècle, l'explosion artistique de Florence pendant la Renaissance et celle du Paris des impressionnistes. Le miracle philosophique et musical de l'Allemagne au XIXe siècle. La révolution de la pensée à Paris et Vincennes (la *French Theory*) dans la seconde partie du XXe siècle. Le bouleversement scientifique de l'institut Pasteur au début de ce même XXe siècle, et celui de la musique en Angleterre dans les années 1960, de même que l'explosion actuelle de la recherche à Boston et San Francisco et de la Silicon Valley.

Tous ces exemples témoignent que les plus grandes aventures humaines résultent du contact direct et de l'émulation au même endroit et en même temps d'êtres humains qui s'influencent mutuellement et permettent de dépasser les situations dominantes établies : c'est ce que j'appelle les nids. Je ne crois pas que les réseaux (organisations de personnes travaillant sur les mêmes sujets mais dans des endroits différents) puissent remplacer la dynamique de groupe, et l'avenir est à la promotion de nids de créativité.

ET SI ON ÉTAIT À LA VEILLE DE LA CHUTE DE L'EMPIRE AMÉRICAIN ?[64]

On peut en effet se poser la question. Ainsi l'effondrement de l'URSS avait été anticipé par Emmanuel Todd à cause de la baisse de l'espérance de vie qu'on y observait, un phénomène unique au xxe siècle, hormis les épisodes épidémiques dans les pays concernés par la grippe espagnole ou le sida.

Aux États-Unis, plusieurs facteurs s'associent pour montrer que la situation évolue dans le mauvais sens. Tout d'abord la production scientifique américaine par rapport au reste du monde diminue d'une manière très significative du fait de l'émergence d'un grand nombre de pays et de la multiplication des publications scientifiques dans le monde. Ce phénomène a été accéléré par la mise en place des barrières à l'immigration durant la présidence de George Bush, alors que les laboratoires de recherche des pays développés fonctionnent essentiellement grâce aux étudiants en thèse et aux chercheurs d'origine étrangère. Cela est aussi vrai en France.

64. 23 avril 2017 – Le Point.fr

Le deuxième facteur très inquiétant est la baisse de l'espérance de vie dans certains groupes de population. En effet, ce sont les hommes et les femmes d'origine européenne (caucasienne, disent les Américains), de milieu pauvre, qui voient leur mortalité augmenter d'une manière singulière, entraînant dans l'ensemble une baisse de l'espérance de vie du pays. Deux publications récentes attirent l'attention sur ce domaine (dans *The Lancet* et *Science*). Elles montrent que c'est lié à l'augmentation de l'obésité, avec sa cohorte de problèmes associés (diabète, maladies chroniques du foie, cirrhose), à l'augmentation des suicides et à celle des morts liées à l'usage intensif des médicaments dérivés de l'opium. Ce dernier phénomène est devenu aussi un phénomène prioritaire pour le gouvernement canadien. D'une manière intéressante, les deux autres catégories majeures d'Américains, les « hispaniques » et la population d'origine africaine, ont vu au contraire une augmentation de leur espérance de vie au cours de ces dernières années. Il existe incontestablement aux États-Unis un problème social et moral majeur chez les pauvres d'origine européenne, avec une augmentation des accidents, de l'obésité, de la consommation de produits dérivés de l'opium et des suicides, qui pour la première fois entraîne une baisse de l'espérance de vie dans un pays développé. Et encore une fois c'est le malaise social et l'absence de gestion médicamenteuse raisonnée de la douleur qui sont la cause de cette surmortalité, ainsi que l'inadaptation à la société actuelle, et non pas les différentes maladies dont on nous rebat les oreilles, comme la maladie de Lyme, le chikungunya, le Zika, le coronavirus d'Arabie Saoudite, le virus du SRAS et celui de la grippe aviaire ou les intoxications par les OGM, le bisphénol ou les pesticides. La surmortalité unique liée au COVID-19 confirme notre gestion calamiteuse des problèmes de santé. Quant au malaise lié au déclin de la puissance américaine, le désespoir qui en résulte et le laisser-aller alimentaire, ils sont les causes de ce recul dont l'élection de Trump a peut-être été un symptôme.

LES ANNONCES DE LA DÉCADENCE DE ROME : DE QUOI DONNER À L'OCCIDENT UN SURSIS

La décadence romaine est la seule dont nous ayons des traces tangibles et écrites.

Au Vᵉ siècle, un effondrement démographique et culturel s'est produit : plus de 95 % des livres ont disparu à jamais, l'analphabétisme est devenu la règle. Mille ans se sont passés avant que l'art, la connaissance et la culture ne reviennent, malgré les improbables réhabilitations du Moyen Âge. On observe avec intérêt ceux qui ont annoncé ce déclin et sa date approximative…

Pour Suétone, dès le Iᵉʳ siècle, c'était imminent, et dans sa *Vie des douze Césars*, il en rend responsables ceux qui gouvernent Rome, racontant, tel *Le Canard enchaîné* aujourd'hui, leurs travers sexuels et comportementaux plus que leur gestion. Juvénal, lui, le plus pessimiste, fustige la Rome dissolue du début du IIᵉ siècle et annonce sa chute imminente… Cela juste avant son âge d'or où pendant cent ans, de Nerva à Marc Aurèle, l'Empire romain fut à son apogée, associé d'ailleurs à une persécution sans relâche des chrétiens. C'est d'ailleurs grâce aux empereurs étrangers à Rome que l'empire a pu durer si longtemps.

Ainsi il n'y a pas d'exemple connu que les prophètes de la décadence conservatrice aient eu raison dans l'histoire écrite.

Il convient donc de se montrer prudent en ce qui concerne la fin de l'Occident.

– 4 –

PROBLÈMES EXISTENTIELS

LA PEUR DU NÉANT : IMMORTELLE !

L'apparente vanité de notre existence a généré différentes stratégies pour échapper à la peur du néant. Parmi ceux qui n'ont pas de Dieu unique qui les récompenserait, les stoïciens cherchent l'estime d'eux-mêmes en jouant « leur pièce », en utilisant au mieux leur talent dans un monde dont ils ne maîtrisent pas la signification. Pas de place pour l'idéalisme, le prosélytisme ou la pitié de soi. On ne choisit pas son « théâtre », et nos actions doivent être en accord avec nous-mêmes, y compris si la mort en est le résultat, car rien n'a de sens, que sa propre estime. Les hindouistes d'Extrême-Orient ont une vue cyclique du monde comptant plusieurs vies. Les bouddhistes ont un point de vue que je connais moins, mais s'exercent à vivre chacune de leurs vies en évitant les méfaits pour alléger leur karma et accéder un jour à l'Éveil. Ce sont les perspectives inéluctables de vieillir, souffrir et mourir qui ont déterminé le destin de Bouddha. Les Occidentaux actuels cherchent leur réalisation, l'assouvissement de tous leurs désirs, ce qui est voué au désenchantement et tourne à l'enfer si l'on y ajoute le désir de vivre plus longtemps, le rêve de ne pas vieillir, ni souffrir ni mourir, ce qui est illusoire.

Ceux qui ont adopté les religions où Dieu les récompenserait se divisent en ceux qui se retirent du monde (ermites et moines) et ceux qui veulent le transformer, ainsi que l'humanité. C'est là où se retrouvent les idéalistes, les prophètes (en général de malheur) prévoyant l'apocalypse pour punir les hommes de leur arrogance (du Déluge au refroidissement puis au réchauffement de la planète, à l'apocalypse nucléaire, sociale ou écologique). L'Apocalypse de Jean racontait déjà cela au IIe siècle. Nos peurs modernes des catastrophes miment celles des textes anciens ! Cette même nature de prophètes de malheur existe aussi sans besoin de Dieu (chez les peuples qui en ont eu un). On la retrouve dans leur science, qui croit au sens de l'Histoire, ou au sens de l'évolution. La confrontation des pensées va venir quand la moitié orientale du monde, qui a une perception cyclique et non progressive de la vie, s'exprimera aussi bruyamment que la moitié occidentale issue de la culture monothéiste et rectiligne.

LES CIVILISATIONS DOMINANTES IMPOSENT LEUR RELIGION... LE TEMPS DE LEUR SUPRÉMATIE

Le début de la diffusion du monothéisme chez les Romains, qui suivit la philosophie d'Aristote, entraîna une dichotomie qui n'existait pas avant avec cette ampleur. Dès lors, il n'y a plus qu'un Dieu qui détermine tout. Fini le polythéisme avec des dieux pour toutes les situations, l'amour d'Éros (qui nous fait pardonner l'excès des désirs), la guerre de Mars, la malhonnêteté de Mercure, l'adultère de Vénus, la virginité de Diane, l'ivresse de Bacchus, la rigueur de Junon, la brutalité de Vulcain et l'art d'Apollon. Il faut maintenant être obéissant ou hérétique. Le pouvoir s'est glissé dans la religion et le souverain est en Europe sacré par Dieu et dans l'Islam, descendant du Prophète. Toute voix divergente est une hérésie qui mérite sanction mais qui, si elle prospère, devient à son tour une religion aussi intolérante. Les avatars (les nouvelles formes) de « la Vérité », même sans Dieu, restent identiques. Il faut croire ou être condamné, les anticommunistes étant condamnés au nom de la « science ».

Le communisme (le matérialisme dialectique) est en effet considéré comme une science par les marxistes. Le fascisme, une partie de l'écologisme et du féminisme en sont les enfants. Le scepticisme est encore une hérésie pour les idéologues « athées ». Ceux-ci ne savent pas qu'ils croient eux-mêmes en une religion sans dieu apparent et condamnent les hérétiques avec autant de fougue qu'ils maudissent ceux qui poursuivaient les hérétiques dans le passé. Les laïcs militants se moquent de l'Inquisition ! Le scepticisme est devenu pour eux une insulte. Dieu n'est pas mort comme le disait Nietzsche, il se cache ! La foi se porte bien, comme le prosélytisme et la haine des hérétiques. L'amour du consensus est un reliquat des conciles dont celui de Nicée fut le plus restrictif. Il définit la croyance à laquelle on n'a plus le droit d'échapper. Les Juifs en revanche se méfient, à juste titre, de l'unanimité et du consensus, et dans un tribunal rabbinique un vote unanime oblige à revoter, car il ne peut être honnête. À l'inverse, les jurés américains, avec leur imprégnation protestante, doivent arriver à l'unanimité pour juger, ignorant la pensée minoritaire (si bien romancée par Philip K. Dick dans *The Minority Report*).

Montesquieu fut un des premiers à théoriser les contre-pouvoirs comme d'une nature nécessaire et non hostile, mais cela est encore mal compris. Il peut y avoir plusieurs visions du monde qui doivent coexister pour survivre, mais ce sera difficile de l'admettre pour la pensée dominante actuelle de l'Occident. Notre façon de voir le monde, héritée de la philosophie dite « des Lumières », n'est pas la vérité éclairant ce monde. Elle s'inscrit dans une vision messianique postchrétienne mais n'est qu'une façon de voir le monde, imposée par notre force passée (symbolisée au XXIe siècle par la croisade de George W. Bush), mais transitoire. Les civilisations dominantes, comme tous les pouvoirs, imposent leur religion mais cela ne dure que le temps de leur force. Ainsi la Russie communiste, considérée il y a cinquante ans comme un des pays les plus athées du monde, présente actuellement (d'après les sondages) plus de chrétiens croyants que la majorité des pays d'Europe.

L'ÉVOLUTION SELON LES RELIGIONS[65]

La vision de l'évolution est étroitement dépendante de notre perception religieuse du monde. Ainsi, probablement plus de la moitié de l'humanité pense que la vie est un cycle qui se renouvelle. C'est ce que les Grecs pythagoriciens appelaient la « métempsycose ». Les hindous et les bouddhistes pensent en cycles multiples de vie, les avatars, au cours desquels ils améliorent leur comportement. La deuxième grande vision de l'évolution est celle du monde immatériel succédant au monde matériel. C'est l'hypothèse du paradis ; celle des religions du Livre, mais aussi des religions qui les ont précédées, les champs Élysées des Grecs ou d'autres. Ici, notre vie matérielle a un sens qui détermine une vie ultérieure immatérielle. Ce sens se suffit à lui-même et n'a pas besoin de tendre vers quelque chose, d'« évoluer ». Les changements ne nous sont pas toujours compréhensibles. La Bible traduit cette incompréhension du sens de l'évolution par « Les voies du Seigneur sont impénétrables. » La troisième hypothèse, issue de la pensée rationnelle grecque, aristotélicienne, stipule que l'évolution

65. 13 juin 2017 – Publié par Olivia Recasens

nous permet de changer pour devenir meilleurs. Dans cette vision où triomphe la raison, l'homme joue un rôle qui peut être déterminant. De ce mode de pensée est issu le darwinisme : la sélection des plus aptes, la vie tend vers plus de complexité. On le retrouve dans la notion d'« anthropocène », où l'homme a tous les pouvoirs, y compris celui de détruire la planète. Cela relativise l'existence de forces de changement extérieures. De ce point de vue-là, la discussion sur le réchauffement de la planète est exemplaire : nous négligeons les facteurs extérieurs à l'Homme.

Enfin, le quatrième mode de pensée qui a probablement toujours existé est celui des fatalistes, qui pensent que le monde ne leur est pas compréhensible dans sa totalité et qui essaient de vivre avec des connaissances contemporaines dont ils savent déjà qu'elles seront dépassées demain. C'est l'hypothèse des stoïciens et des épicuriens qui furent longtemps oubliés. C'est le mode de pensée qui est souvent celui des scientifiques les plus créatifs, qui ne croient pas qu'ils découvriront une loi définitive. C'est le sens de l'exclamation de Macbeth : « La vie est une histoire pleine de bruit et de fureur racontée par un idiot, et qui n'a aucun sens. »

Cycles, paradis, raison ou fatalisme, ces façons de penser la vie traduisent des croyances très anciennes. Et il est remarquable de constater qu'en dehors du stoïcisme fataliste, toutes ces religions sont aussi agressives les unes envers les autres !

LES RELIGIONS MEURENT AUSSI[66]

En déplacement au Vietnam, ma lecture d'Ésope, le fabuliste grec, se télescopa avec le dynamisme néocapitaliste du pays et la découverte du caodaïsme. Il s'agit d'une religion née au XXe siècle intégrant Bouddha, le Christ, Lao Tseu et Confucius. Très francophiles, ses adeptes luttèrent contre les communistes et… les Américains. Battus, ils furent poursuivis, leur culte fut interdit jusqu'en 1988 et depuis, les croyants se multiplient et sont actuellement 8 millions. À Angkor, les hindouistes ont détruit les statues et les rites bouddhistes jusqu'à la création d'une religion « fusionnée ». Bouddha « petit véhicule » y redevient un homme et non un dieu (Bouddha « grand véhicule »). En revanche, tous les dieux d'Ésope ont disparu et le communisme, religion athée, est mourant. Cette expérience montre que les civilisations et les religions sont de même nature ; organisant la vie des humains, les religions deviennent ce qu'en font les hommes. La naissance, l'expansion et la mort d'une religion sont parallèles à celles de la civilisation qui pratique cette religion. Ainsi, les civilisations maya,

66. 1er juin 2017 – Publié par Olivia Recasens

aztèque et inca ont entraîné leurs religions dans leur chute. Je me permets, comme Brassens le faisait avec le cimetière marin, de renchérir sur Paul Valéry, qui a écrit que « les civilisations meurent aussi ». D'ailleurs, le prophète local du communisme, Hô Chi Minh, s'efface progressivement, Saigon retrouve son nom précommuniste dans la population, hors des documents officiels. Comme Iekaterinbourg et Saint-Petersbourg ont retrouvé leur nom ancien après le décès du communisme russe.

Grand recyclage

La disparition des civilisations entraîne non seulement celle de leur religion mais aussi celle de leur langue, de leur science et de leur médecine. Les œuvres humaines sont fragiles, mais une partie se recycle et réapparaît, comme nous le voyons dans l'évolution biologique non darwinienne, en cohérence avec la théorie de l'éternel retour, un thème commun à Nietzsche, aux bouddhistes, aux hindous et à Pythagore ! Ce recyclage des éléments religieux fut bien analysé par l'historien des religions Mircea Eliade et montre la paradoxale continuité disruptive de l'histoire humaine. Ainsi les Grecs, après Alexandre, mêlèrent l'Olympe et le panthéon égyptien. Le christianisme recycla les temples païens, parfois les dieux se transformèrent en saints protecteurs et la civilisation romaine persista dans le catholicisme. Les religions naissent, se marient, enfantent de nouvelles religions, parfois sans dieu comme le communisme, le nazisme ou le laïcisme… et meurent.

– SIXIÈME PARTIE –

NOUS VIVONS DANS *MATRIX*

MATRIX : QUAND LES RUMEURS DEVIENNENT DES VÉRITÉS

Le film *Matrix* a été imaginé après la lecture d'un livre du philosophe français Baudrillard, *Simulacres et Simulation*, qui décrivait l'apparition d'un monde où circulerait sur les réseaux une réalité entièrement différente de la réalité perceptible. Cette nouvelle « réalité » représente une extension des rumeurs qui existaient auparavant, mais qui prennent la dimension extraordinaire que donne le potentiel des réseaux sociaux. Un des exemples les plus spectaculaires a été celui du restaurant The Shed at Dulwich, un pseudo-restaurant. Une Londonienne, après avoir été payée pour donner des notes sur Tripadvisor, a lancé un canular et a créé, sur son téléphone portable, un restaurant virtuel avec une adresse qui n'existait pas, et ses amis l'ont recommandé en ajoutant des commentaires et des photos factices. Ce restaurant fantôme affirmait ne recevoir que sur réservation, et au bout de six mois, il était le numéro un sur Tripadvisor de tous les restaurants de Londres. Ici, nous sommes en plein *Matrix*, où il n'y a plus aucune connexion entre la réalité physique et la réalité virtuelle.

Il en est de même dans ce que je connais le mieux, le domaine de la santé : la plupart des alertes qui font le buzz n'ont aucune signification en termes de santé publique ; un mort à haute intensité dramatique aux États-Unis, au Canada, en France ou en Hollande peut peser plus que des milliers de morts d'une maladie. C'est la preuve qu'il n'y a plus de lien réel entre une forme d'information qui représente une réalité digitale et la réalité physique à laquelle nous sommes accoutumés.

À CRAINDRE : DES MODIFICATIONS DU CERVEAU ET L'EXPLOSIVE COHABITATION DE DEUX MONDES

Deux mondes se développent, comme l'avait anticipé Baudrillard dans *Simulacres et Simulation*. Un monde chimico-physique et biologique et un monde digital, dont les liens sont de plus en plus faibles. Depuis des années, j'essaye de corréler le monde digital au monde tangible – sans grand succès dans le domaine des maladies infectieuses, où la réalité biologique perçue n'a plus de rapport avec la réalité artificielle – pour déterminer la réponse politique. Il faut réaliser que, comme dans *Matrix*, cela devient impossible.

Les humains, je l'ai déjà dit, passent entre tous leurs écrans près des deux tiers de leur temps éveillé. Cette addiction aux écrans change le métabolisme du cerveau, les capacités de compréhension se réduisent de 25 % et la mémoire se réduit de 30 %. Une nouvelle forme d'humanité avec un cerveau différent est en train de se développer sous nos yeux. Sous l'effet de l'addiction aux écrans (appelée par certains « drogue digitale »), une atrophie de la matière grise est observée. Celle-ci concerne le lobe frontal (qui est le lieu de l'organisation mentale), le striatum (zone du contrôle social, du « surmoi » de Freud) et l'insula (zone de l'empathie, de la bienveillance). Une nouvelle étape de l'histoire humaine se développe, qui fait s'isoler les humains dans un monde digital, avec peu de chances de retour. La transmission à la descendance de ces modifications du cerveau est inconnue mais possible. En tout cas, la déconnexion proclamée des élites et des réseaux sociaux de la réalité biologique est inéluctable car deux mondes, qui existent vraiment mais se connectent peu, s'écartent, et cela va exploser sous différentes formes.

L'ATTRACTION DU MONDE DIGITAL : JOHNNY OU NOBEL ?

Un certain nombre de mots-clés ou la répulsion pour d'autres ont été analysés par Buzzsumo sur les réseaux internationaux. Dans cet ordre, les plus cités sont « cela vous fera », « c'est pourquoi », « ainsi nous pensons », « seulement X » (le début de la pornographie), « la raison est », « ils sont pris de panique », « des photos X étonnantes », « les pleurs de joie », « c'est ce qui est arrivé » ou « ça vous fera pleurer », « la chair de poule », « en parlant de ça », « c'est trop mignon », « choqué de voir », « lâchez votre cœur », « les choses X seulement », « je ne peux pas m'arrêter de rire », « les chants tops X », « la réaction de Twitter à », « qu'est-ce qui arrive après ». Les moins attractifs sont dans l'ordre « le contrôle de vous-même » (le moins de tous), « votre propre business », « travaillez avec vous », « l'introduction de », « qu'est-ce qui est nouveau dans », « pouvez-vous être », « l'effet de », « le meilleur pour vous », « la nature de », « comment bouger », « combien de volonté », « les risques de », « dans le futur », « retour à la normale », « vous devriez user », « sur votre budget », « n'oubliez pas de ».

Ainsi peut-on voir ce qui attire l'attention et ce qui ne l'attire pas. Et, en ce qui concerne les patronymes, ceux qui intéressent le public et ceux qui ne l'intéressent guère, et dans quelles circonstances on les cite.

Par exemple, en France, en 2018, si vous cliquez sur Google France, vous constaterez que Johnny Hallyday a été cité pendant les cinq premiers mois autant que l'appellation Nobel, bien que celle-ci ait été boostée par l'existence d'un scandale sexuel qui a augmenté d'une manière significative (triplé) le nombre d'interrogations. Preuve que, même pour le Nobel, pour que cela apparaisse significativement augmenté sur les réseaux sociaux et sur Google, il faut qu'il y ait un scandale sexuel. Si on compare dans le temps ce combat épique entre le nombre de citations dans la presse française de Johnny Hallyday contre Nobel au sens large (tous les prix Nobel, tous les gens qui ont reçu un prix Nobel, non seulement cette année mais les années précédentes), on voit que Johnny était en retard sur les Nobel, avec 7 millions de citations dans la presse française contre 20 millions en 2016 ; en 2017, il commence à rattraper sérieusement les prix Nobel car sa mort suscite un immense intérêt, et il passe à 13 millions d'articles contre 20 millions au Nobel. Quant à 2018, il explose les compteurs avec, dans les cinq premiers mois, 20 millions de citations avec toute l'excitation autour de son héritage, qui semble fasciner la presse et ses lecteurs ; mais les Nobel ne disent pas leur dernier mot, car grâce au scandale sexuel impliquant le prix Nobel de littérature, les citations du Nobel font plus que doubler et atteignent 20 millions dans les cinq premiers mois. Ce combat acharné entre Johnny Hallyday et les prix Nobel nécessitera une étude prolongée pour savoir qui, à la fin, a gagné en 2018, mais quoi qu'il en soit, dans un cas, ce sera la mort d'un chanteur (et j'ai dans mes ancêtres des saltimbanques), dans l'autre cas, les frasques sexuelles d'un membre du jury qui auront attiré l'attention sur la musique ou sur l'excellence dans les domaines de la littérature, de la paix dans le monde ou de la science.

LES QUINZE MINUTES D'INFAMIE

Andy Warhol aurait prédit en 1968 que tout le monde aurait son quart d'heure de célébrité. Cela se confirme avec l'amplification de la circulation de l'information et la banalisation du voyeurisme. Ainsi les parents, les amis, les voisins d'une victime spectaculaire, d'une star défunte ou déchue auront droit à leur passage télévisé et à leur déclaration sur internet.

Mais aujourd'hui s'ajoute au quart d'heure de célébrité le quart d'heure d'infamie. Le lynchage actuel de toute personnalité plus ou moins connue devient un fait majeur de notre société. La moindre dénonciation (médisance ou calomnie) un peu scabreuse concernant la sexualité, l'argent ou de possibles crimes ou délits passe de façon amplifiée et délirante sur les réseaux sociaux et dans les médias. Peu importe que la police n'ait pas encore enquêté, ou que l'affaire n'ait pas été jugée, voire qu'elle ait été jugée et conclue par un non-lieu. Maintenant, certains membres du gouvernement s'autorisent même à exprimer leur opinion sur les affaires en cours avant la fin de l'instruction, pour rester en phase avec l'excitation médiatique du moment. Bien sûr, ce n'est pas nouveau, l'air de « la Calomnie » du *Mariage de Figaro*, ou, plus près de nous, *C'est la rumeur publique*, chanson de Ray Ventura, décrivent très bien le même phénomène, mais sans l'ampleur actuelle, qui est inégalée.

… Et puis l'infamie dénoncée atteindra quelqu'un d'autre, un autre sujet de scandale sera à la mode et les victimes de calomnies seront oubliées. Blessées, sauvées, mais sans que l'atteinte à leur honneur soit indemnisée ni fasse l'objet de remords. Chacun aura peut-être droit à ses quinze minutes d'infamie à l'avenir.

DES SELFIES AU SUICIDE

Avec une société sans guerre et sans ennemis (ou si rares en réalité), le XXIe siècle occidental est entré, d'après le philosophe allemand d'origine coréenne Byung-Chul Han, dans la société du burn-out, qui est parallèle pour moi à celle du selfie. J'appelle en effet cette génération celle des humains « selfies » qui passent leur temps à s'observer et à se photographier. Cela traduit la « pensée positive », le principe de plaisir permanent y compris au travail, la préoccupation de sa santé et de sa propre réalisation. Ce recentrage sur soi dans le refus des obligations, des contraintes et de la douleur est morbide car impossible à satisfaire. On ne peut faire tout ce que l'on veut. Cela se traduit par une désillusion dont burn-out, dépression, fatigue chronique, douleurs sans lésions et suicide sont les conséquences visibles. Ce sont les maladies de notre siècle obsédé par les selfies, la santé et le vouloir être soi-même. Tous les jours sont annoncés de nouvelles recettes de longévité et de nouveaux risques potentiels qui consument l'énergie des « selfies ». Les États-Unis, à la pointe du « progrès », observent déjà une diminution de l'espérance de vie des hommes d'origine européenne qui meurent prématurément par suicide et consommation de drogues illégales ou légales prescrites pour éliminer toute douleur, comme celles dont ont été victimes les vedettes Michael Jackson et Prince. Et cela est associé à une baisse notable de la fertilité. La vie n'a plus de sens et devient une toupie qui tourne sur elle-même. Le besoin de se faire plaisir est insatiable et donc restera insatisfait. Le « *Yes we can* » d'Obama remplaçant le « *What we should do* » – « Ce que l'on devrait faire » (pour notre pays) précédemment proclamé par Kennedy – exprime cette bifurcation et nous fait entrer dans la régression démographique égocentrée qui est peut-être nécessaire mais qui est bien triste. Baudrillard prédisait un monde digital où une hyperréalité remplaçait la réalité précédente (je ne dis pas authentique car cela n'a pas de sens) dans *Simulacres et simulation,* qui inspira le film *Matrix*. Nous y sommes. Les enquêtes par sondages montrent qu'en France les gens passent sept heures par jour (soit la moitié de leur temps éveillé) devant un écran (télévision ou ordinateur), et cela n'inclut pas le téléphone portable. Ce monde remplace l'ancien et l'on voit en tout lieu les gens consulter leur téléphone en permanence, même en groupe, au restaurant, à la plage, en compagnie de leurs enfants, et se photographier eux-mêmes. Et ce phénomène est universel ; même les moines bouddhistes de Birmanie, qui mendient une fois par jour pour manger, n'ont qu'une robe et… un portable. La déconnexion avec le monde du vivant biologique est grandissante. Les amis de Facebook remplacent les contacts biologiques. Les rapports biologiques directs sont contrôlés, ainsi la drague de rue est contestée et sera bientôt condamnée, les rapports directs qui comprennent une dimension inégale ou un rapport de force (hiérarchique ou non) sont ou seront condamnés pour abus de position dominante. Les rapports sexuels sont ou seront remplacés par le sexe virtuel. Des tentatives d'interdire la mendicité vivante se multiplient, mais les appels de fonds généreux pour les fondations se multiplient dans le monde digital. Nous tendons vers un isolement biologique comme dans les livres prémonitoires de Philip K. Dick ou dans *La Possibilité d'une île* de Michel Houellebecq, et sous nos yeux s'est créé un monde de plus en plus différent du monde biologique. Les qualificatifs de post-vérité ou de *fake news* représentent souvent les collisions des deux mondes, biologique et digital, qui existent de façon de plus en plus autonome.

LA POST-VÉRITÉ EN SCIENCE[67]

Notre époque est entrée dans l'ère de la « post-vérité ». Cela consiste à remettre en cause les vérités affichées par les « sachants », ou par ceux qui sont censés représenter la connaissance. Car il se pose un problème : celui de la crédibilité des messages destinés au public. Depuis quelques années, les affirmations émises par des notables, dûment contrôlées et indiscutables, sur un certain nombre de domaines ne sont plus acceptées ; elles sont souvent contrebalancées sur les réseaux sociaux par d'autres informations qui, elles, ne sont pas contrôlées. Elles devraient pouvoir être pondérées par l'idée qu'il ne s'agit pas de vérités définitives mais d'affirmations approximatives liées à la connaissance du moment, et qui en aucun cas ne sont des notions sacrées. En voici quelques exemples… Les changements climatiques : en pratique, tous les modèles mathématiques prédictifs ne sont que des projections virtuelles qui n'ont pas de valeur scientifique mais expriment la possibilité d'un scénario, à condition que les données objectives de connaissances dont on dispose soient suffisamment importantes.

---

67. 7 mars 2017 – Publié par Olivia Recasens

Cela ne permet toutefois pas d'avoir des positions affirmatives tranchées et d'exclure ceux qui ne sont pas certains de la validité des modèles qui nourrissent la réflexion. Pendant quinze ans, afin de ne pas remettre en cause le modèle dominant, personne n'a souhaité regarder les images satellite de la NASA qui montraient que la glace, si elle diminuait au pôle Nord, augmentait dans le même temps considérablement au pôle Sud. De la même manière a longtemps été cachée l'existence d'un plateau entre l'année 1998 et l'année 2013 dans le réchauffement atmosphérique mesuré. Ces éléments amènent à penser que nous allons vraisemblablement vers un bouleversement climatique dont l'origine pourrait être l'activité humaine, mais elles n'autorisent pas à marteler, comme Al Gore le fit lors de la présentation de son film d'horreur écologique, que l'avenir est prévisible. En effet, pour un scientifique, l'absence de démonstration remplacée par la corrélation entre plusieurs types d'événements ne tient pas lieu de preuve. Pour être certain d'une causalité, il faut démontrer la différence qui se produit selon que le facteur suspect est présent ou absent. C'est une des bases de la science. Le scientifique ne doit pas imposer son point de vue sur une corrélation, en assurant que ceux qui ne pensent pas comme lui sont des incompétents ou des achetés. C'est irritant au plus haut point, car ne pas avaler à 100 % le message de Nicolas Hulot ou d'Al Gore, dont les notions scientifiques sont pourtant modestes, c'est se retrouver classé parmi les sceptiques, ce qui est une insulte pour l'oreille des pseudo- « sachants » !

Un autre exemple frappant est celui de la vaccination. On ne peut pas être « pour ou contre » les vaccins, je l'ai dit et redit. Certains sont utiles dans certaines situations, d'autres sont dépassés, d'autres encore présentent plus d'inconvénients que d'avantages, et toutes les maladies infectieuses n'ont pas comme réponse unique la création d'un vaccin. Les tentatives de mise au point d'un vaccin contre le paludisme ou le sida l'ont malheureusement montré, ainsi que l'introduction de nouveaux vaccins pour remplacer le BCG, incapable cent ans après sa création de contenir l'endémie tuberculeuse. Il en est de même dans la plupart des domaines. Chaque fois que certains affichent une certitude qui leur permette de se distinguer comme intelligents, cultivés et « sachants », en particulier quand ils ne proposent que des notions simplificatrices, cela crée un doute général, qui peut aller du scepticisme goguenard à la théorie du complot. En pratique, la vérité scientifique est « fille du temps », elle change au fur et à mesure des connaissances. Ce n'est pas une religion à laquelle on doit croire ou non, à laquelle on doit adhérer ou pas, c'est une situation où l'on doit modestement admettre que la plupart des éléments semblent en faveur d'une théorie donnée. Ce n'est que cela, la science.

COVID-19 : OÙ TOUTE NOTRE SCIENCE EST-ELLE PARTIE ?

Depuis quelques années, on voit basculer la créativité scientifique dans le domaine des sciences de la vie, et peut-être dans d'autres (que je ne suis pas capable d'évaluer), vers l'Extrême-Orient. La Chine, en réponse au SARS, a été la première au XXIe siècle à créer des instituts de maladies infectieuses, dont le numéro un à Shanghai, avec des niveaux d'équipements considérables, parfaitement capables de faire face en cas d'épidémie. Sa réactivité durant l'épisode de COVID-19 a montré une efficacité impressionnante, et qui n'a laissé à nos gouvernements occidentaux que la solution de « casser le thermomètre », en disant que la Chine avait triché sur ses chiffres, pour cacher la qualité de sa prise en charge et la rapidité de sa réaction comparées à celles des autres pays. Au total, la mortalité en Chine aura été inférieure à celle de l'Île-de-France, Paris inclus. Les 15 pays ayant la mortalité la plus importante sont des États occidentaux d'Europe de l'Ouest et des États-Unis. Cet échec considérable de notre médecine malgré une richesse par habitant importante, et des dépenses médicales les plus importantes du monde, doit amener à se poser des questions cruciales. Enfin, l'essentiel de la production scientifique sur ce sujet vient de Chine.

L'illustration de cet épisode est parfaitement démontrée par les essais thérapeutiques et les réactions à l'usage de la chloroquine hydroxychloroquine d'une part, et d'autre part, du Remdesivir. Le parti pris contre l'hydroxychloroquine et la chloroquine a été quasiment immédiat, j'ai eu l'occasion de l'expérimenter lorsque j'ai rapporté les résultats des Chinois, qui ayant subi en premier la vague du COVID-19, ont été les premiers à tester sa sensibilité aux antiviraux, publiant rapidement que la chloroquine et le Remdesivir étaient deux produits actifs, et proposant d'utiliser rapidement la chloroquine ou l'hydroxychloroquine du fait de leur faible coût et de leur disponibilité immédiate. Peu de temps après, une conférence chinoise a rapporté que sur les 100 premiers patients avait été notée une efficacité avec l'usage de la chloroquine sur la persistance virale et sur la mortalité. Fort de ces données, et avec des données préliminaires au laboratoire montrant l'efficacité de l'hydroxychloroquine, en particulier associée avec l'azithromycine[68], nous avons commencé un essai

68. Philippe GAUTRET, Jean-Christophe LAGIER, Philippe PAROLA, Van Thuan HOANG, Line MEDDEB, Morgane

thérapeutique, validé par les instances gouvernementales, utilisant l'hydroxychloroquine associée dans un certain nombre de cas avec l'azithromycine, avec comme évaluation le nombre de virus et la disparition du portage viral. L'efficacité remarquable de ce traitement comparé à celle d'un groupe contrôle non traité nous a amenés à publier un article.

Cet article a fait l'objet de pressions absolument considérables, et de menaces de rétraction par le journal après qu'on nous a harcelés sur de possibles conflits d'intérêts avec Sanofi qui nous aurait payés. Ce qui est impossible : l'hydroxychloroquine est un produit générique, comme l'azithromycine, c'est-à-dire que ce sont des médicaments dont le brevet est tombé dans le domaine public et qui, par conséquent, restent bon marché car ils sont en concurrence et tous produits en Inde. On nous a aussi demandé d'envoyer des justifications montrant qu'un

MAILHE, Barbara DOUDIER, Johan COURJON, Valérie GIORDANENGO, Vera Esteves VIEIRA, Hervé Tissot DUPONT, Stéphane HONORÉ, Philippe COLSON, Eric CHABRIÈRE, Bernard LA SCOLA, Jean-Marc ROLAIN, Philippe BROUQUI, Didier RAOULT, *Hydroxychloroquine and azithromycin as a treatment of COVID-19 : results of an open-label non-randomized clinical trial*, International Journal of Antimicrobial Agents, 2020, 20:105949.

accord gouvernemental sur l'essai avait bien été envoyé. Enfin nous avons reçu une avalanche de critiques méthodologiques associées au harcèlement d'une spécialiste de l'intégrité scientifique mais qui semble plus portée à chasser l'intégrité scientifique – qui n'a aucun intérêt financier ni scientifique à publier – plutôt que ceux qui ont triché ouvertement. Cette chasseuse de prime s'appelle Mme Bik. Elle travaille avec le site « Pubpeer » de délation online, qui a fouillé l'ensemble des publications que nous avons faites et a trouvé que des Western Blots (des examens de tests d'anticorps), en particulier, des témoins négatifs, se ressemblaient étrangement et résultaient probablement d'une duplication. Il s'agissait de papiers publiés dix et quinze ans plus tôt, ce qui résulte d'une erreur banale qui ne modifie en aucun cas les résultats. Les mêmes ont écrit au journal *Frontiers* pour lui demander de cesser de publier nos articles car nous étions des tricheurs ! Là encore, il a fallu que j'intervienne avec mes avocats, aussi bien auprès d'Elsevier que de *Frontiers*, pour mettre fin à ces menaces.

Depuis, un déchaînement anti-hydroxychloroquine a été observé, il est devenu impossible de publier dans tous les grands journaux des papiers montrant, soit que l'hydroxychloroquine n'est pas toxique, soit que l'hydroxychloroquine est efficace[69].

Dans *The Lancet,* par exemple, au même moment étaient reçues trois publications, dont une qui s'est révélée probablement totalement inventée, et qui rapportait une mortalité considérable dans l'usage de l'hydroxychloroquine. Ce papier a depuis été rétracté. En revanche, une autre, que j'ai été amené à analyser, rapportait que le traitement de 930 000 personnes ayant reçu de l'hydroxychloroquine pour une infection rhumatologique ne présentait aucun événement de mort subite supérieure au contrôle. Notre propre papier sur 3 700 cas, qui représentait l'étude la plus fouillée disponible dans la littérature, est reparti sans évaluation. Le seul article qui fut retenu fut le papier fantasque sur la mortalité considérable dans l'usage de l'hydroxychloroquine, qui allait être rétracté ; l'autre, en dehors du fait que j'avais émis une opinion très positive, a été rejeté, quant au mien, il n'a même pas été envoyé pour être évalué.

Dans le même temps, le groupe du *Lancet* a publié un article sur 5 cas européens dont 3 traités

69. Matthieu MILLION, Yanis ROUSSEL, Didier RAOULT, *Chloroquine and COVID-19 : A Western Medical and Scientific Drift ?*, European Journal of Internal Medecine, 2020, S0953-6205(20)30266-1.

par du Remdesivir, où les auteurs français ne déclaraient pas leurs conflits d'intérêts et ont dû rectifier cet oubli après que nous fûmes intervenus auprès du *Lancet*. Le *New England*, pour sa part, a multiplié des articles impubliables en temps normal du fait de leur médiocrité, tous en faveur du Remdesivir ou contre l'hydroxychloroquine, en plein milieu de la guerre Trump-Biden, qui a tourné à la guerre civile autour de cette même hydroxychloroquine. Ainsi ont été publiés une dizaine de papiers, incluant plusieurs sur le Remdesivir, dont aucun n'aurait passé la barre d'un journal normal, en particulier dans celui dont j'ai été rédacteur en chef pendant quelques années, le journal européen des maladies infectieuses, CMI. Le premier rapportait quelques cas de patients traités par le Remdesivir, dans un article écrit par un auteur fantôme de Gilead, le laboratoire américain qui développe le Remdesivir. Quant aux patients perfusés lors de ce traitement, on avait perdu de vue 8 d'entre eux, ce qui est très étonnant ! Et un peu moins de la moitié des autres n'étaient pas évaluables car ils n'avaient pas été suivis. Malgré cela, les auteurs concluaient qu'il y avait une différence très importante avec les autres publications, alors qu'il n'y avait aucun groupe de comparaison.

Ultérieurement, l'étude du Dr Fauci a fait des déclarations disant que le Remdesivir était efficace, non pas pour prévenir la mortalité mais pour raccourcir la durée d'hospitalisation. Il est à noter que contrairement aux règles méthodologiques qui sont souvent brandies pour expliquer que l'hydroxychloroquine n'est pas efficace, le Dr Fauci avait changé ses objectifs prioritaires. Le premier était la mortalité, et le deuxième le passage en réanimation. Ils ont été remplacés par la durée d'hospitalisation. En pratique, le Remdesivir n'a aucune efficacité sur la durée de vie, pour une bonne et simple raison, c'est que c'est un antiviral, et que les formes graves de COVID-19 hospitalisées en réanimation sont des formes dont le problème majeur est d'abord un problème d'immunité, de réaction immunitaire désordonnée (tempête cytokinique), et ensuite un problème de lésions pulmonaires. Ultérieurement, ce papier fut publié dans le *New England*, puis un deuxième article du Dr Fauci, qui disait que cinq jours de traitement suffisaient parce qu'il paraissait impossible de prescrire pendant dix jours du Remdesivir par perfusion à des gens qui étaient peu symptomatiques.

Dans les deux articles sur le Remdesivir auxquels a participé Fauci, dans les effets indésirables étaient groupées d'une manière tout à fait fantaisiste la constipation et l'insuffisance rénale, pour pouvoir les analyser en commun et montrer dans ces conditions qu'il n'y avait pas de différence significative entre la survenue des deux. Or, il existait bel et bien une différence significative dans les insuffisances rénales, évidemment, puisque le Remdesivir donne – et on le sait depuis longtemps – des insuffisances rénales. Ce qui fait que la fenêtre thérapeutique du Remdesivir pour un produit utilisé par voie intraveineuse et donnant des insuffisances rénales, donc que l'on ne peut prescrire qu'à des patients qui ont des formes peu symptomatiques ou modérées, paraît proche de zéro. Ensuite, le *New England* a publié une évaluation de la prophylaxie qui n'aurait pas dû trouver place dans un journal scientifique, même de très basse catégorie. Ce travail rapportait une enquête téléphonique faite auprès de gens qui prétendaient avoir été en contact avec un patient COVID-19, sans aucune autre précision, et disaient avoir été malades ou pas, et pour ceux qui se disaient malades, sans aucun signe clinique spécifique du COVID, en particulier le seul connu à ce jour, l'anosmie-agueusie (la perte de l'odorat et du goût). Sur les 724 personnes rapportées dans ce travail, seules 20 avaient eu un test par PCR affirmant un COVID-19. Aucun pays, y compris en Afrique, n'ose publier des résultats de cette nature prétendant que des gens ont un COVID avec un interrogatoire qui néglige le symptôme clinique le plus important, et sans faire la moindre PCR pour confirmer le diagnostic.

Quant à l'essai thérapeutique, sur lequel s'est beaucoup basée l'OMS en Angleterre, et qui s'appelle Recovery, c'est un essai extraordinairement étonnant dans lequel le diagnostic de COVID est un diagnostic clinique, là aussi porté de manière aléatoire, puisque la décision repose sur la conviction du médecin, qu'il n'y ait ou qu'il n'y ait pas de test par PCR. De plus, dans le groupe auquel on a proposé un traitement par corticothérapie, 10 % des patients sont COVID négatifs... Que dans un pays comme l'Angleterre on fasse des essais de cette nature avec des critères d'inclusion de diagnostic de cette nature laisse étonné. Par ailleurs, les stratégies thérapeutiques étaient fantaisistes au plus haut point. En effet, l'hydroxychloroquine a été proposée à des doses toxiques de 2,4 g le premier jour, puis de 400 milligrammes par jour. L'auteur de l'essai auquel un journaliste demandait pourquoi des doses pareilles étaient utilisées a prétendu que c'était des doses utilisées pour le traitement de l'amibiase. Ce qui est une première, car personne à ma connaissance ne traite les amibiases avec de l'hydroxychloroquine. D'une manière intéressante, montrant le bouleversement de la connaissance scientifique, une association de médecins indiens a écrit à l'OMS pour dire que l'essai Recovery n'était pas raisonnable, puisqu'il utilisait des doses d'hydroxychloroquine hautement toxiques. Un autre test contenait de la cortisone, ce qui est aussi un non-sens scientifique. En effet, la maladie causée par le COVID se présente en différents stades, le premier stade est essentiellement viral, sans réaction immunitaire : utiliser la corticothérapie sans antiviral pour une maladie virale est une erreur que l'on conseille de ne pas faire à tous les étudiants en médecine du monde, en tout cas les miens en France. En revanche, la corticothérapie fait partie des soins courants dans les détresses respiratoires, dont la prescription est laissée au choix du médecin en fonction du syndrome inflammatoire, de la gravité, et de l'âge. Randomiser la corticothérapie sur le COVID, quels que soient le stade, l'âge du patient et le syndrome inflammatoire, est encore un non-sens scientifique et une faute médicale. L'essai Recovery sera de cette manière totalement inutilisable car ni les posologies ni les indications ne sont raisonnables. L'essai Discovery en France ne prévoyait que le Remdesivir et le Lopinavir, en ignorant totalement la chloroquine et l'hydroxychloroquine, malgré les publications chinoises et malgré le fait que rapidement le Lopinavir est apparu comme étant totalement inefficace, comme le Remdesivir. Cet essai n'a jamais été publié dans le temps du soin. De toute façon, s'il avait été publié pendant le pic épidémique, les produits n'étant pas manufacturés, il eût été impossible de traiter les patients. Cet essai était donc voué totalement à l'échec depuis le départ. De nombreux auteurs m'ont écrit pour me demander comment publier leurs articles qui étaient en faveur de l'hydroxychloroquine, et qui étaient tous rejetés dans la plupart des journaux majeurs. Cet essai a été arrêté prématurément au moment où le seul traitement efficace apparaissait être... l'hydroxychloroquine !

Enfin le *British Médical Journal* a publié deux articles qui avaient d'abord été disponibles sur medRxiv, un site de prépublication. L'un concluait à l'efficacité de l'hydroxychloroquine dans deux sous-chapitres qui ont été enlevés dans la version publiée dans le *British Medical Journal*, et l'autre rapportait le traitement par l'association hydroxychloroquine/azythromycine, qui a été significativement supérieure à celle de tous les autres traitements en termes de passage en réanimation ou de mortalité. Cette donnée n'a pas fait l'objet d'analyses statistiques dans ce travail, ce qui laisse rêveur sur la qualité du reviewing.

Au total, nous sommes face à un naufrage de la science occidentale dans une situation de tension de cette nature, dont on voit qu'elle est multifactorielle, associant une incompétence effrayante des décideurs sur les essais thérapeutiques, une qualité d'évaluation scientifique dans les meilleurs journaux du monde franchement mauvaise, et un parti pris qui montre une faillite intellectuelle.

D'une manière intéressante, l'histoire évoque pour Gilead ce restaurant anglais (The Shed at Dulwich) qui n'existait pas mais qui par manipulation de Tripadvisor avait fini par être le restaurant classé numéro un à Londres, réalisant cette espèce de prophétie de Baudrillard sur l'hyperréalisme.

Plusieurs milliards de dollars se sont échangés sur les actions de Gilead, rythmés par les annonces de l'efficacité du Remdesivir ou de l'hydroxychloroquine, qui entraînaient des augmentations et des baisses de sa valeur. Ainsi, dans plusieurs épisodes, a-t-on été amené à modifier la valeur du capital de Gilead de plusieurs pour cent après l'annonce de l'efficacité de l'hydroxychloroquine, son capital de base étant de 100 millions de dollars[70]. Dans ces conditions, il apparaît extrêmement clair que les gains des investisseurs de Gilead (parmi lesquels figurent les plus gros investisseurs mondiaux, Blackrock et Vanguard), aussi investisseurs des groupes de presse les plus importants, qui publient le plus grand nombre de journaux en médecine (Elsevier) et d'une partie des médias français, est une entreprise à la limite d'un objet virtuel, proche des bitcoins. En effet, le Redemsivir, qui est relativement toxique, ne peut être prescrit que par voie veineuse et n'a d'efficacité que chez des gens qui ont très peu de symptômes, a extrêmement peu de chances d'avoir une évolution satisfaisante (la mortalité totale du COVID-19 se situe entre 0,5 et 0,7 % de la létalité). Il n'a probablement pas réellement sa place dans la pharmacie, d'autant que le traitement par cette molécule coûte entre 4 000 et 5 000 dollars. Ainsi est-on peut-être entré à cette occasion dans un monde entièrement virtuel où des publications sans fondement sont faites et où des médicaments qui ne sont pas encore manufacturés prennent le monopole de la prescription, alors qu'on sait qu'ils ne pourront pas réellement

70. Eric Chabriere, *Does IHU Mediterranean Infection influence Gilead stock price ?*, New Microbes New Infections, 2020.

avoir un usage rentable, mais qu'ils auront permis des enrichissements considérables liés à des événements de spéculation. Ainsi, il est possible que dans un certain nombre de cas l'industrie pharmaceutique ressemble aux bulles spéculatives des entreprises dématérialisées, ce qui signe un tournant considérable et rejoint cette forme de dématérialisation d'une partie du monde dans lequel nous vivons et qui n'a plus que de lointaines relations avec celui que nous connaissions jusqu'alors.

CONCLUSION ET AVENIR

La déconnexion que j'ai essayé de montrer, dans l'ensemble de ces réflexions, entre une circulation de l'information, ou la communication, et une forme de vérité quantifiable par des moyens physico-chimiques m'est apparue importante. Il est clair que dans le monde digital l'intérêt est suscité premièrement par la peur – qui génère une attraction et une curiosité amenant à cliquer, et donc à créer de l'intérêt qui pourra être utilisé pour faire de la communication ou de la publicité –, et deuxièmement par des sujets qui touchent la masse de plus en plus large des utilisateurs, s'adresse à la population susceptible de comprendre des choses simples et de ne comprendre que cela. Ainsi, aucun message complexe, aucune observation qui requiert une explication ou un décryptage ne peut franchir ce seuil. Par ailleurs, les préoccupations majeures, à côté de la peur, sont les histoires sexuelles, la crainte de devenir obèse, la beauté, qui permettent dans le monde digital de rapporter des informations non confirmées par dizaines chaque jour. Enfin, dans le monde digital, la possibilité d'identification à des héros mène à comprendre pourquoi les héros les plus populaires sont ceux pour lesquels il n'y a pas d'effort intellectuel à réaliser pour les aimer : les sportifs, le monde du show-business sont ceux qui attirent le plus d'attention, et il est clair que

Johnny Hallyday était infiniment plus populaire que le Japonais ayant reçu un prix Nobel pour avoir inventé un antiparasitaire qui a sauvé des millions de gens, ou la Chinoise qui a inventé un antipaludique qui en a sauvé quelques millions d'autres. Il en est probablement de même pour Zidane ; il n'est même pas sûr que pour un certain nombre d'entre ces héros modernes le talent ait été la source de leur succès, mais plutôt la capacité des gens à s'identifier à quelqu'un qui n'avait pas de qualités intellectuelles immédiatement classifiables les différenciant d'eux. Enfin, les seuls éléments circulant dans le monde digital sur les humains célèbres (par leurs réalisations personnelles, professionnelles, scientifiques) sont ceux qui permettent à la population majoritaire de les ramener à leur niveau en constatant qu'en dehors de leur domaine de compétence, ce ne sont que des humains, rien que des humains, bien trop humains. Cette attitude n'est pas nouvelle. On sait bien que les commentateurs latins, en particulier Suétone, s'intéressaient plus à la petite histoire qu'à la grande. Quand j'étais jeune, les adolescents se confiaient que pour pouvoir ne plus être impressionnés par la performance, l'autorité ou les réalisations de quelqu'un, il suffisait de l'imaginer aux toilettes en train de faire ses besoins naturels. *La Vie des hommes illustres* de Plutarque, qui fut le livre de chevet de Montaigne et de Napoléon, n'a plus de succès. Un best-seller serait *Les Turpitudes des hommes illustres*, bien plus attractif. Tout scandale qui peut ternir l'image d'une réussite scientifique, sociale ou politique devient immédiatement susceptible d'une diffusion épidémique sur les réseaux sociaux et dans le monde digital. Encore une fois, tout cela n'est pas entièrement nouveau. Mais ce qui est nouveau, c'est l'ampleur et le déséquilibre qu'il y a maintenant entre l'information qui passe par le monde digital et celle du monde résiduel physico-chimique et biologique qui s'amincit. La réalité du monde biologique a parfois moins de poids que la réalité du monde numérique, dont le pouvoir de conviction sur le public et, au moins dans le moment présent, sur le monde politique, amène à considérer que nous nous dirigeons vers un changement très brutal de civilisation dans l'histoire humaine, et peut-être même vers une nouvelle espèce d'êtres humains.

DIRECTION D'OUVRAGE
Huguette Maure

Assistée de
Raphaël Bodilis

pcacmb
edition pré-presse
livres numériques
44400 Rezé

Achevé d'imprimer en France par CPI
en janvier 2022
Dépôt légal : février 2022
ISBN : 978-2-7499-4574-3
LAF : 3033 - N° d'impression : 168182